kuchnia roślinna

dla każdego

ERYK WAŁKOWICZ
autor bloga erVegan.com

erVegan

kuchnia roślinna
dla każdego

flow books

Kraków 2017

Projekt okładki
Paweł Panczakiewicz/PANCZAKIEWICZ ART.DESIGN

Fotografie na okładce i stronach 9, 10
Adrian Błachut, www.adrianblachut.com

Fotografie wewnątrz książki
Eryk Wałkowicz

Grafiki wykorzystane w książce
Copyright © Vlada Young/Shutterstock (s. 14, 34, 68, 162, 224)
Copyright © Liliya Shlapak/Shutterstock (s. 24, 58, 110, 132, 192, wyklejka)
Copyright © Sketch Master/Shutterstock (s. 70)

Redakcja
Joanna Bernatowicz

Opieka redakcyjna
Joanna Bernatowicz
Oskar Błachut
Anna Niklewicz

Adiustacja
Aurelia Hołubowska

Korekta
Joanna Myśliwiec
Agnieszka Stęplewska
Agnieszka Szmuc

Indeks
Agnieszka Stęplewska

Projekt typograficzny i łamanie
DAKA – Studio Graficzne Dawid Kwoka

ISBN 978-83-240-3740-7

Informacji podanych w niniejszej książce nie należy traktować jako porad medycznych.
Nie powinny one zastępować leczenia przez dyplomowanych specjalistów służby zdrowia.
Skonsultuj się z lekarzem lub dietetykiem w kwestii indywidualnych potrzeb zdrowotnych
przed wprowadzeniem zmian w diecie i stylu życia.

Flow Books
ul. Kościuszki 37, 30-105 Kraków
E-mail: promocja@flowbooks.pl

Książki z dobrej strony: www.znak.com.pl
Dział sprzedaży: tel. 12 61 99 569,
e-mail: czytelnicy@znak.com.pl

Wydanie I, Kraków 2017
Druk: Colonel

Spis treści

PRZEPISY – GOTUJEMY!

Przepisy podstawowe

Poranki i wieczory

Przystawki i przekąski

Obiady

Słodkie

Napoje

Cześć!

Mam na imię Eryk i na co dzień zajmuję się roślinnym gotowaniem oraz żywieniem na diecie wegańskiej. Moja pasja do pichcenia narodziła się, kiedy miałem kilka lat i siedząc na podłodze przy wejściu do kuchni, grałem na garnkach i metalowych miskach za pomocą wałka i widelca. Muzykiem nie zostałem, ale w kuchni działam do dziś! Skończyłem dietetykę na Warszawskim Uniwersytecie Medycznym, a doświadczenie w gastronomii zdobywałem w warszawskich knajpach i kawiarniach. Swoje miejsce odnalazłem jednak w sieci, na moim blogu erVegan.com. Łączę na nim pyszne jedzenie i wiedzę na temat żywienia. Zamieniam marchewki w puszyste ciasto, fasolę w mocno czekoladowe brownie, a cukinię w burgery. Pokazuję, że dieta wegańska może być jednocześnie zdrowa, zbilansowana, pyszna i zaskakująca, nawet z punktu widzenia faceta!

Jest mi niezmiernie miło i bardzo się cieszę, że trzymasz w rękach moją książkę. Długo nad nią pracowałem, aby przybliżyć Ci wegańską kuchnię i zasady zdrowego roślinnego żywienia. Mam nadzieję, że dzięki niej zapoznasz się z nieskomplikowaną dietą bez mięsa, a także odkryjesz tajniki optymalnego odżywiania się, bez udziwnień i bez ściemy.

Skomplikowane składniki i procesy kulinarne? Trudny język i nieoczywiste nazwy? To nie u mnie! Dzięki tej książce zamienisz marchewkę w przepyszny pasztet, ciecierzycę w wilgotne i słodkie ciasto, a kapustę w chrupiące chipsy. Dowiesz się, dlaczego urozmaicone posiłki to podstawa diety roślinnej oraz jak łączyć podstawowe składniki w kuchni, aby uzyskać nie tylko smaczne i sycące dania, ale również w pełni zbilansowane posiłki. Wszystko dla Twojego zdrowia i dobrego samopoczucia. Łatwo, prosto i przyjemnie.

Nie wierzysz? Spróbuj, a się zakochasz!

Eryk

Skomplikowane składniki i procesy kulinarne? Trudny język i nieoczywiste nazwy? To nie u mnie!

Moja filozofia zdrowego odżywiania – *bez mięsa i bez ściemy*

> *W codzienności i najbardziej podstawowych działaniach leży klucz do sukcesu w doskonaleniu diety i sposobu gotowania.*

Moda na zdrowe odżywianie, czyste jedzenie (#**cleaneating**), bycie fit i superżywność (#**superfoods**) zapanowała zarówno za granicą, jak i w Polsce. Coraz więcej osób interesuje się żywieniem, co drugi celebryta zostaje ekspertem w dziedzinie zdrowia i świetnego samopoczucia. W pogoni za idealnym trybem życia, perfekcyjną dietą i świetną sylwetką chcemy się choć trochę odciąć od szarej rzeczywistości i problemów, które spotykają nas na każdym kroku. Niepotrzebnie! Uważam, że to właśnie w codzienności, w najbardziej podstawowych, rutynowych działaniach, takich jak wstawanie z łóżka i robienie sobie śniadania, leży klucz do sukcesu zarówno w udoskonalaniu diety, jak i sposobu gotowania, bo to rzeczy przecież nierozłączne.

Media co chwilę wynajdują cudowny lek na całe dietetyczne zło, ktoś wyszukuje artykuły naukowe obalające zalecenia najważniejszych grup ekspertów i towarzystw zajmujących się szeroko pojętą medycyną i dietetyką. Znajdujesz w sklepie nowy produkt, który jest bogaty w składniki odżywcze i według etykiety natychmiast zmieni Twoją dietę na lepsze. Ktoś wręcza Ci ulotkę i częstuje nową margaryną, która nagle wypędzi miażdżycę z Twoich tętnic i w końcu jajecznica na boczku o poranku nie będzie już kłopotem dla Twojego układu krwionośnego. Odchudzające herbatki, pigułki na lśniącą skórę i woda mineralna z kolagenem – brzmi znajomo?

W tym zamieszaniu zapominamy o podstawowych i najłatwiejszych sposobach na zachowanie zdrowia i długie życie. Dobra edukacja żywieniowa skupia się właśnie na podstawowych nawykach. Chciałbym je przemycić do Twojej codzienności w taki sposób, aby nie stały się utrapieniem, ale wręcz przeciwnie – były ciekawe, zaskakujące... no i pyszne! To założenie leży u podstaw mojej filozofii zdrowego odżywiania.

Bez skomplikowanych składników i trudnych nazw, bez cudownie uzdrawiającej propagandy niepopartej badaniami naukowymi, bez mięsa i bez ściemy! Codzienne i często nudne gotowanie zamienimy w fascynującą podróż po smakach i aromatach, przy okazji łącząc to, co dobre dla naszego organizmu, z tym, co pyszne, chrupiące i słone... ale również słodkie i grzeszne!

Właśnie tak, to nie błąd w druku. W zbilansowanej i zdrowej diecie musi być od czasu do czasu miejsce na grzeszną przyjemność, bo to właśnie ona – i umiejętność sterowania nią – potwierdza, że nie stajesz się żywieniowym freakiem, tylko świadomym konsumentem, którego nie omami kolejna moda na eliksir zdrowia.

Dlaczego wybrałem dietę roślinną? Często, gdy ktoś zadaje to pytanie, liczy na konkretną odpowiedź. Ale trudno by mi było wskazać jeden główny powód, dla którego zdecydowałem się na wegański styl życia i odżywiania, ponieważ moje podejście do tych kwestii to wypadkowa wielu czynników. Pewnego dnia stwierdziłem, że taka filozofia życia będzie najlepsza dla otaczających mnie ludzi i zwierząt, ale też po prostu dla mnie, i tak to się właśnie zaczęło. Na początku nie było łatwo, ale dzięki dostępowi do wielu cennych informacji w Internecie poznałem tajniki wegańskiego żywienia i gotowania. Zaczęło się od pieczenia gorzkiego brownie i robienia tofucznicy. Moje zainteresowanie roślinnym gotowaniem nie słabnie – wciąż szukam nowych inspiracji, warzywnych ciekawostek i cieszę się, że mam okazję dzielić się nimi z innymi.

Jako dietetyk chciałbym przybliżyć Ci podstawowe założenia zbilansowanej diety i zdrowego gotowania, a jako miłośnik dobrego jedzenia – zainspirować do eksperymentowania w kuchni na co dzień i od święta. Kto powiedział, że nie można tego połączyć?

Roślinna kuchnia i dieta – co w trawie piszczy?

trochę teorii o diecie

Zupełne podstawy, *czyli o co chodzi?*

Moje ulubione określenie to „dieta bazująca na produktach roślinnych", zrównoważona, korzystna dla zdrowia i prawidłowego funkcjonowania organizmu.

Jeśli sięgasz po tę książkę, to zakładam, że temat diety wegetariańskiej jest Ci znany choć odrobinę. Jeśli jednak nie – przedstawię najbardziej podstawowe informacje na temat roślinnego jedzenia. Dieta wegetariańska to termin, który odnosi się do odżywiania z pominięciem produktów pochodzenia zwierzęcego. Istnieją różne warianty takiego żywienia w zależności od tego, jakie produkty są eliminowane z diety. Szufladek i sposobów systematyzacji jest wiele. Każdy może przesuwać je w swoją stronę i stosować różne klasyfikacje, lecz w badaniach naukowych, publikacjach klinicznych i literaturze fachowej najczęściej spotykam się z następującymi kategoriami:

- ***pescowegetarianizm***: bez drobiu i czerwonego mięsa, ale z mięsem ryb, najczęściej również z jajkami i mlekiem;
- ***laktoowowegetarianizm***: bez mięsa, ale z jajkami i mlekiem zwierzęcym, oraz jego dwie odmiany: *laktowegetarianizm* (bez mięsa i jajek, ale z mlekiem) i *owowegetarianizm* (bez mięsa i mleka, ale z jajkami);
- ***weganizm:*** bez mięsa, jajek, mleka i innych produktów, które pochodzą od zwierząt;
- ***witarianizm:*** wegański sposób odżywiania się tylko surowym pożywieniem, którego temperatura podczas obróbki termicznej nie przekroczyła 42°C.

Różne względy decydują o tym, że ludzie ograniczają spożycie mięsa i produktów odzwierzęcych i przechodzą na wegetarianizm. Mogą kierować nimi powody zdrowotne, etyczne, ale również ekonomiczne i ekologiczne. W książce nie skupiam się bezpośrednio na tym aspekcie, ale w kolejnej części wyjaśniam, dlaczego uważam, że warto żywić się wegetariańsko! Moim ulubionym określeniem jest po prostu „dieta bazująca na produktach roślinnych". Nieważne, czego w Twojej diecie „brakuje". Ważne, aby była ona zbilansowana oraz korzystna dla zdrowia i prawidłowego funkcjonowania organizmu. No właśnie, czy to w ogóle możliwe?

Czy dieta wegańska jest zdrowa?

No tak, to pewnie jedno z pierwszych pytań, które przychodzą na myśl, gdy ktoś oznajmia, że jest wegetarianinem albo, nie daj Boże, weganinem. A całkiem możliwe, że już od dawna jesteś przekonany, że to niezdrowa i uboga dieta. No bo jak można tak bez mięsa, a do tego bez jajek i mleka?! Stereotypy, tradycje kulinarne i spotkania w większym gronie przy grillu ociekającym mięsnym tłuszczem nieco przysłaniają rzeczywistość.
Diety wegetariańskie, a nawet ta ściśle roślinna – wegańska – są odpowiednie dla człowieka na każdym etapie jego życia i mogą zapewnić mu prawidłowy rozwój oraz liczne korzyści zdrowotne. Tak z dumą głosi Amerykańska Akademia Żywienia i Dietetyki w swoim stanowisku dotyczącym diet wegetariańskich z 2016 roku*. Jest tylko jeden warunek – odpowiednie zbilansowanie diety. Ten szczegół tak naprawdę odgrywa największą rolę. Praktycznie każda dobrze zbilansowana dieta, która dostarcza człowiekowi wszystkich niezbędnych składników odżywczych, jest dla niego właściwa. Tak samo jest z dietą wegetariańską i wegańską.
Decydując się na taki styl odżywiania, musisz pamiętać o jednym: diety wegetariańskie to diety eliminacyjne. Rezygnując ze spożywania jakiejś grupy pokarmów diety tradycyjnej, nie wystarczy go zwyczajnie pominąć, lecz należy go zastąpić czymś innym i uzupełnić jadłospis, co pozwoli na dostarczenie wszystkich składników pokarmowych, których potrzebuje Twój organizm. Brzmi skomplikowanie i trudno? Obiecałem prosty język i jasne terminy, a wymądrzam się, jakbym pozjadał wszystkie rozumy... Tak naprawdę to bardzo proste: nie wystarczy odsunięcie burgera na bok i zjedzenie samych frytek z ketchupem, aby być zdrowszym i mieć więcej energii. Trzeba się odrobinę postarać i zaprzyjaźnić z nowymi pokarmami. Ale o tym będzie mowa dalej, w kulinarnej części książki. Jeśli chcesz, to już teraz do niej przeskocz, bo wiem, że nie możesz się doczekać chrupiących frytek z cukinii i słodkiego ciasta z ciecierzycy!

> *Rezygnując ze spożywania jakiegoś składnika diety tradycyjnej, nie wystarczy go zwyczajnie pominąć. Należy go zastąpić czymś innym.*

* V. Melina, W. Craig, S. Levin, *Position of the Academy of Nutrition and Dietetics: Vegetarian Diets*, „Journal of the Academy of Nutrition and Dietetics" 2016, 116 (12), s. 1970–1980.

Czy dieta roślinna jest dla każdego?

Zgodnie ze stanowiskiem Amerykańskiej Akademii Żywienia i Dietetyki poprawnie zbilansowane diety wegetariańskie są odpowiednie zarówno dla dzieci, kobiet w ciąży i w okresie laktacji, jak i dla dorastającej młodzieży, osób dorosłych, starszych, a nawet sportowców wyczynowych. Oczywiście wszystkie zmiany w swoim stylu żywienia powinno się konsultować z kompetentnym w tej dziedzinie lekarzem oraz dietetykiem specjalistą. Bardzo serdecznie do tego zachęcam, bo wiem, jak ważne jest zdrowie.

Dlaczego warto?

Można by o tym napisać osobną książkę, ale z pewnością powstała już niejedna na ten temat. Pozytywne aspekty przejścia na diety roślinne, o ile są oczywiście zbilansowane, to nie tylko zdrowie i lepsze samopoczucie, ale również wiele zmian ekologicznych, ekonomicznych i etycznych.

Diety roślinne są dobrym wyborem dla osób z ryzykiem wystąpienia chorób sercowo-naczyniowych, czyli z podwyższonym poziomem cholesterolu we krwi, miażdżycą, cukrzycą typu 2, a także dla osób otyłych. Z ekonomicznego i ekologicznego punktu widzenia masowa hodowla zwierząt, czyli właściwie produkcja wyrobów pochodzenia zwierzęcego, jest droższa i bardziej energochłonna niż wytwarzanie pożywienia roślinnego, które wykarmiłoby znacznie większą liczbę ludzi. Brzmi to trochę jak wykład na zajęciach z ekonomii, ale trzeba przyznać, że to ciekawy czynnik i również ważny aspekt diet roślinnych. Niekiedy impulsem, aby uczynić pierwszy krok ku wegetarianizmowi, bywają względy etyczne. Cierpienie zwierząt, okrutne traktowanie ich w hodowlach i wyrok śmierci już w momencie narodzin to ciemne strony przemysłu hodowlanego.

W tej książce chciałbym pokazać Ci, że najwięcej możesz zmienić, najzwyczajniej w świecie wprowadzając zmiany na własnym talerzu. Wcale nie musisz zjadać jałowej sałatki na obiad, aby poczuć się lepiej i zacząć dbać o naszą planetę. Zapomnij o godzinach spędzonych w kuchni nad kolejnym obiadem, który będzie tańszy od tradycyjnego. Chciałbym zachęcić Cię do spojrzenia na pozytywne efekty wegetariańskiego stylu życia, który wcale nie oznacza wyrzeczeń, a wręcz przeciwnie – może nawet uwolnienie się od starych przekonań. Nie chcę przekonywać i namawiać, bo to decyzja, którą każdy musi podjąć sam. Po prostu spróbuj i zobacz, jak będzie! Ja wiem, że warto.

Najwięcej możesz zmienić, najzwyczajniej w świecie wprowadzając zmiany na własnym talerzu. Wegetariański styl życia wcale nie oznacza wyrzeczeń, a wręcz przeciwnie – może nawet uwolnienie się od starych przekonań!

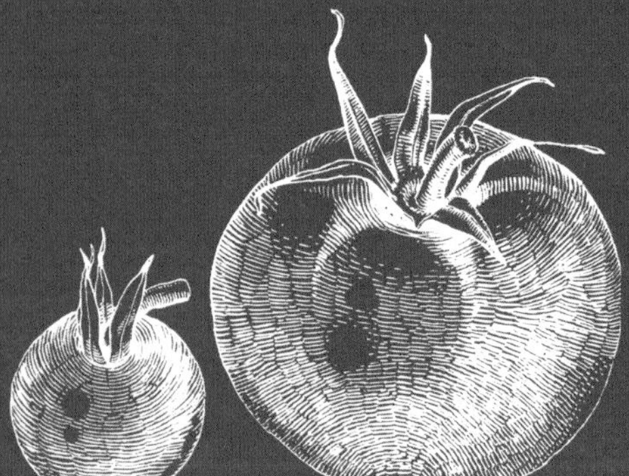

Jak jeść i nie zwariować?

porady żywieniowe

Dieta wegetariańska lub wegańska najczęściej kojarzy się z limitami, ograniczeniami, restrykcjami i zakazami. No tak, na talerzu nie będzie przecież produktów zwierzęcych, mięsa, jajek, mleka, a nawet miodu. Spróbujmy jednak spojrzeć na to z drugiej strony!

Co jedzą weganie?

Diety roślinne to przede wszystkim mnóstwo warzyw!

Gdy zaczniemy od tego pytania, niestety wzrasta ryzyko, że odpowiedź udzielona przez Ciebie lub Twojego kolegę z pracy będzie brzmiała: „Tylko sałatę". Jeżeli jednak masz oczy otwarte, a Twoi znajomi w biurze czy na uczelni jedzą coś poza kotletem, ziemniakami i surówką, to wyjdzie na jaw, że Twój talerz może być naprawdę kolorowy. Bo diety roślinne to przede wszystkim mnóstwo warzyw!

- ***Warzywa.*** Począwszy od klasycznej marchewki i ziemniaka, przez cebulę, pora i bakłażana z papryką, aż po fenkuł, dynię, kalafiora i jarmuż.
- ***Owoce.*** Słodkie i kwaśne? Klasyczne polskie jabłka, gruszki i śliwki, ale też egzotyczne mango i papaje!
- ***Produkty zbożowe.*** Świetnie sycą; to nie tylko kanapki i płatki śniadaniowe, ale też mnóstwo różnorodnych kasz i zbóż, z których można zrobić pyszną owsiankę, pudding, a nawet sernik!
- ***Ziarna, pestki i orzechy.*** To nie tylko orzechy ziemne, z których robi się masło orzechowe, ale również migdały i nerkowce, z których można wyczarować wegańskie kremy do ciast, a nawet wegański ser feta.
- ***Rośliny strączkowe.*** Nasiona roślin strączkowych również stanowią bardzo istotny element jadłospisu, i nie chodzi jedynie o groch z kapustą, ale o strączkowe kotlety, pasztety i pasty kanapkowe.

Jeśli nadal Ci mało, nie zapominaj, że rynek produktów skierowanych do wegan nieustannie się rozwija. W sklepach pojawiają się gotowe dania obiadowe – tylko do odgrzania. Tofu nie jest już postrachem kasjerek, które nie wiedzą, co sprzedają. Nie trzeba już wyruszać na poszukiwanie wędzonej papryki i mielonego kuminu, a zwykłe parówki sojowe odchodzą powoli do lamusa. Czy zastanawiałeś się, ile produktów może się składać na Twój jadłospis? Spróbuj, a naprawdę się zdziwisz i zaczniesz szukać nowych smaków i inspiracji.

Czego weganie nie jedzą?

Na takie pytanie też warto sobie odpowiedzieć, bo to znacznie ułatwia podjęcie decyzji, na przykład w restauracji, kiedy jesteś głodny i chcesz zjeść coś pysznego.
Weganizm to jedna z bardziej restrykcyjnych diet wegetariańskich, lecz wcale nie jest to największy hardcore.

- ***Mięso.*** Dieta wegańska nie obejmuje oczywiście mięsa, ale odrzuca również wszelkie inne produkty, które pochodzą od zwierząt.
- ***Produkty odzwierzęce.*** Weganin nie jada więc: mleka, masła, serów, jogurtów – ogólnie rzecz biorąc: nabiału. Nie jada także jajek, żelatyny oraz miodu.

Wspominałem już o tym, że dieta roślinna wcale nie jest uboga, monotonna i nudna. Jeśli jednak nadal nie czujesz się przekonany, nie porzucaj lektury, wypróbuj kilka przepisów i potem pogadamy!

Weganizm to jedna z bardziej restrykcyjnych diet wegetariańskich, lecz wcale nie jest to największy hardcore.

Nie przejmuj się i wrzuć na luz

Dieta bazująca na produktach roślinnych opiera się przede wszystkim na składnikach wegańskich, ale odbieganie od normy – czyli kawałek ulubionego sera, kubek jogurtu czy mięso raz w tygodniu – nie stanowi problemu.

No tak, ograniczenia, restrykcje i same „braki" w tej diecie, a Ty tak bardzo kochasz ser i nie wyobrażasz sobie śniadania bez jogurtu i kawy z mlekiem.

Dlatego bardzo lubię pojęcie diety bazującej na produktach roślinnych – najlepiej tych nieprzetworzonych. Jak sama nazwa wskazuje, opiera się ona przede wszystkim na produktach wegańskich, ale odbieganie od normy – czyli kawałek ulubionego sera, kubek jogurtu czy mięso raz w tygodniu – nie stanowi problemu. Taką wersję szczególnie polecam tym osobom, które twierdzą, że nie da się być w stu procentach na diecie wegańskiej, bo przecież one nie dałyby rady.

Dla mnie to podejście jest jak najbardziej w porządku, bo każdy krok w stronę nieprzetworzonej roślinnej diety, nawet początkowe ograniczenie samego mięsa w diecie, jest godny pochwały i korzystny – dla nas samych, środowiska i zwierząt! Nie od razu Kraków zbudowano, więc jeżeli nie czujesz się na siłach, by zupełnie porzucić swoją tradycyjną dietę, zacznij od małych kroków. Na pewno będzie łatwiej.

10 zasad zbilansowanej diety wegańskiej

1. **Jedz urozmaicone posiłki**
   To zagwarantuje, że do Twojej diety nie wkradnie się monotonia, ale również, że dostarczysz swojemu organizmowi wszystkich składników potrzebnych mu do prawidłowego funkcjonowania. Sięgaj po warzywa korzeniowe (marchew, buraki), cebulowe (por), kapustne (czerwona kapusta), a także po ciemnozielone liściaste (jarmuż, szpinak) i wszystkie, które są dostępne sezonowo (cukinie, dynie, ogórki, pomidory, papryki, bakłażany i rzodkiewki). Nie popadaj w rutynę, szukaj nowych smaków, aromatów i przypraw. Staraj się każdego tygodnia wzbogacać jadłospis o nowy produkt, a w końcu znajdziesz swoje ulubione dania.

2. **Zadbaj o wapń, żelazo i cynk**
   Czyli kluczowe składniki, których niedobór może wystąpić w dietach wegetariańskich. Dla wegan oznacza to przede wszystkim spożywanie wzbogacanych w **wapń** produktów *à la* mlecznych, takich jak mleko sojowe z wapniem czy jogurt, ale również tofu, brokuły i jarmuż. **Żelaza** w diecie wegetariańskiej jest pod dostatkiem, lecz jest to żelazo niehemowe, którego wchłanianie przez organizm należy wspomóc dodatkową dawką witaminy C w postaci na przykład kąska surowej czerwonej papryki lub kilku łyków soku pomarańczowego. **Cynk** znajdziesz między innymi w migdałach, nasionach sezamu oraz pestkach dyni.

3. **Suplementuj witaminy B_{12} i D_3**
   Tej pierwszej nie znajdziesz w żadnych produktach pochodzenia roślinnego, a tę drugą – w bardzo ograniczonych ilościach. Jednak obie są bardzo ważne dla Twojego zdrowia i nie wolno lekceważyć ich suplementacji. W sezonie letnim, aby zapewnić sobie odpowiednią dawkę witaminy D, ciesz się słońcem co najmniej przez piętnaście minut dziennie. Poza sezonem skonsultuj się z lekarzem, aby dobrać dawki dostosowane do Twoich potrzeb.

4. **Pij wodę i bądź aktywny**
   Te zasady dotyczą każdej diety, ponieważ to właśnie woda jest podstawą funkcjonowania komórek naszego organizmu, a o umiarkowaną aktywność fizyczną powinniśmy zadbać na każdym etapie życia.

5. **Unikaj żywności wysokoprzetworzonej**
Fast food również może być wegański! O ile czasem można sobie na niego pozwolić, to nie zgadzaj się, aby zawładnął Twoją dietą! Staraj się przygotowywać posiłki w domu, zabieraj lunch do pracy lub na uczelnię, a w sklepie wybieraj produkty niskoprzetworzone.

6. **Używaj soli jodowanej**
Jod to kolejny potencjalnie deficytowy składnik diety wegańskiej ze względu na brak w niej ryb i owoców morza. Jeśli nie cierpisz na choroby tarczycy, wybieraj dobrej jakości sól jodowaną i staraj się nie przekraczać jednej płaskiej łyżeczki dziennie.

7. **Pamiętaj o zdrowych tłuszczach**
Na co dzień jako źródła tłuszczów wybieraj orzechy, pestki i ziarna. Używaj olejów z wysoką zawartością kwasów jedno- i wielonienasyconych. Włącz do diety świeżo mielone siemię lniane, które jest bogatym źródłem kwasów omega-3, niezbędnych do funkcjonowania organizmu.

8. **Zadbaj o odpowiednią obróbkę roślin strączkowych**
Czyli ich należyte moczenie i porządne gotowanie w celu pozbycia się substancji antyodżywczych, które mogą zahamować wchłanianie innych związków pokarmowych potrzebnych Twojemu organizmowi. Jeśli masz problemy dyspeptyczne po jedzeniu strączków, spróbuj ich w innej wersji: pasty będą łatwiej strawne, a małe porcje fasoli w ciastkach praktycznie niewyczuwalne!

9. **Regularnie się badaj**
Raz lub dwa razy do roku warto przejść się do przychodni i lekarza pierwszego kontaktu na badania profilaktyczne. Jest to nieodłączny element dbania o zdrową dietę. Jeśli nie będzie dostatecznie zrównoważona, prędzej czy później pokażą to również wyniki badań!

10. **Nie zniechęcaj się**
Jeżeli coś Ci nie wyjdzie, potraktuj to jako jednorazowy błąd, na którym warto się czegoś nauczyć na przyszłość. Monotonna dieta i ciągłe restrykcje nie rokują dobrze, więc czasem wrzuć na luz i nie obwiniaj się zanadto. Szukaj nowych smaków, przypraw, połączeń warzywno-owocowych i zdrowych dań, które przypadną do gustu akurat Tobie – nie każdy przecież musi jeść owsiankę na śniadanie!

Kuchenne porady dla zdrowia

porady kulinarne

Na czym smażyć, a czym polać sałatkę?

Oliwa z oliwek ma całkiem wysoki punkt dymienia i nadaje się do krótkiego podsmażenia warzyw na patelni.

To jedno z najczęściej pojawiających się pytań, nie tylko w odniesieniu do kuchni roślinnej i diety wegańskiej, ale po prostu jako temat dietetyczny. Co chwilę wybucha nowa moda na jakiś tłuszcz. Raz jest to olej z awokado, raz kokosowy, a innym razem smalec. Chciałbym poruszyć ten temat, ponieważ w wegańskich przepisach często można znaleźć „olej roślinny" jako składnik, ale przecież do każdej obróbki powinno się używać różnych tłuszczów. No właśnie, jakich?

Na surowo

Zacznę od tych, które je się na surowo, czyli przede wszystkim od tłuszczów do sałatek, maczania bagietek albo służących jako szybkie dressingi i sosy. Do tych celów najlepiej używać surowych olejów nierafinowanych, które nie są oczyszczone i zawierają wszystko, co dała natura. Najlepiej oczywiście wybierać te z dużą ilością wielonienasyconych kwasów tłuszczowych, np. **olej lniany**, **z awokado**, **konopny**, dobrej jakości **słonecznikowy** oraz **oliwę z oliwek**. Nie powinno się ich używać do smażenia ze względu na niską temperaturę dymienia: przez nadmierne podgrzanie tracą swe prozdrowotne właściwości i stają się wręcz toksyczne. Wyjątkiem jest tutaj oliwa z oliwek, która mimo dużej zawartości kwasów jednonienasyconych ma całkiem wysoki punkt dymienia i nadaje się do krótkiego podsmażenia warzyw na patelni.

Do smażenia

To od **oliwy z oliwek** zaczynam zawsze temat oleju do smażenia, bo nadal panuje przeświadczenie, że zdrowa oliwa to surowa oliwa. Tymczasem można ją ustawić pośrodku „drogi" pomiędzy stosowaniem oleju na surowo i do smażenia. Kolejnym olejem, który polecam do obróbki cieplnej, jest niedoceniany **olej rzepakowy**. Wbrew pozorom zawiera jeszcze więcej wielonienasyconych kwasów tłuszczowych niż oliwa z oliwek, ale ma wyższy punkt dymienia, więc nadaje się nawet do pieczenia.

Do głębokiego smażenia polecam **olej ryżowy**, w którym przeważają jednonienasycone kwasy tłuszczowe, a jego temperatura dymienia wynosi ponad 250°C, co wystarczy w sam raz nawet do usmażenia frytek. Specjalnie nie wskazuję tutaj oleju kokosowego, który jest bardziej modny niż zdrowy*. Moda modą, ale skupmy się na podstawach: oliwa z oliwek, olej rzepakowy i lniany to najlepszy wybór, jeśli chodzi o oleje.

PS

Często pada pytanie o rodzaj oleju, ale z drugiej strony warto zapytać: czy w ogóle potrzebujemy czystych olejów w naszej diecie? Niekoniecznie! Najlepiej skupiać się na pełnowartościowych produktach, które są bogate w tłuszcze, bo spożywając je, wraz z kwasami tłuszczowymi dostarczamy witamin, cennych mikro- i makroelementów i błonnika! Takie produkty to przede wszystkim **orzechy** (np. ziemne, włoskie, laskowe; wybieraj też 100-procentowe masło orzechowe bez dodatkowych utwardzanych tłuszczów), **pestki** (np. dyni) oraz **ziarna** (np. słonecznika).

* L. Eyres, M.F. Eyres, A. Chisholm, R.C. Brown, *Coconut Oil Consumption and Cardiovascular Risk Factors in Humans*, „Nutrition Reviews" 2016, 74 (4), s. 267–280.

Jak polubić się z fasolą?

Aby wypłukać szkodliwe substancje z nasion roślin strączkowych, najlepiej moczyć je przez całą noc.

Nasiona roślin strączkowych to bardzo ważny element każdej diety wegetariańskiej. To one dostarczają sporej ilości białka, w tym lizyny – aminokwasu, którego często brakuje w niezbilansowanych dietach wegetariańskich. Są też źródłem błonnika, żelaza, wapnia i magnezu, więc zdecydowanie powinno się je włączyć do codziennej diety.
Jednocześnie zawierają one tak zwane substancje antyodżywcze, które wpływają negatywnie na organizm. Zalicza się do nich: hemaglutyniny (odpowiedzialne za zlepianie się krwinek czerwonych), saponiny (mogą powodować rozpad czerwonych komórek krwi), substancje goitrogenne (utrudniające wchłanianie się jodu, które mogą zaburzać działanie tarczycy) i gazotwórcze. Przez odpowiednią obróbkę jesteśmy w stanie się pozbyć tych substancji i zminimalizować ich negatywne działania.
Jednym z ważniejszych etapów przygotowywania suchych nasion fasoli, grochu, ciecierzycy i soczewicy jest ich moczenie. Najlepiej moczyć je przez całą noc. Niewielki dodatek sody oczyszczonej pozwala na lepsze wniknięcie wody do wnętrza nasion oraz wypłukanie szkodliwych substancji, w tym kwasu fitynowego i garbników*, które negatywnie wpływają na przyswajanie składników odżywczych. Częściowo wypłukują się też witaminy, ale te możesz pozyskać z wielu innych roślin, a rośliny strączkowe są wyjątkowe i nie warto z nich rezygnować.
Po moczeniu następuje gotowanie, najlepiej w nowej, czystej wodzie. Jeżeli ktoś jest bardzo wrażliwy na działanie związków gazotwórczych, może zagotować na kilka chwil wodę z namoczonymi strączkami, a następnie ją odlać i gotować ziarna w nowej wodzie. Z gotowaniem strączków jest niekiedy trochę zachodu, jednak lepiej zrobić to samemu, niż kupować gotowce w puszkach. Jest to też bardziej ekonomiczne rozwiązanie.
Z nasion roślin strączkowych można zrobić nie tylko fasolkę po bretońsku czy groch z kapustą, ale wiele rozmaitych potraw. Z tą książką przygotujesz warzywny pasztet, ciastka z fasoli oraz słodkie brownie z ciecierzycy. Ze strączkami naprawdę warto się zaprzyjaźnić!

* H. Nuzhat, A. Muhammad, S. Samreen i in., *Effect of Soaking and Cooking on Nutritional Guality and Safety of Legumes*, „Nutrition & Food Science" 2008, 38 (6), s. 570–577.

Roślinne mleko – jakie wybrać w sklepie, a jakie zrobić samemu?

Mleko to nazwa zarezerwowana dla wydzielin gruczołów mlekowych ssaków, na przykład krowy, kota, człowieka – i to główny powód, dla którego w sklepach nie znajdziesz mleka sojowego, a sojowy *napój*. W książce i na blogu nazywam je jednak właśnie mlekiem, po prostu dla ułatwienia, ponieważ ta nazwa już zadomowiła się w języku potocznym, i by zaznaczyć, że to odpowiednik mleka zwierzęcego.
Rynek roślinnych odpowiedników tradycyjnych produktów odzwierzęcych, takich jak mleko, masło, wędliny i innych *à la* mięsnych, cały czas się rozwija i coraz lepiej odpowiada na zapotrzebowanie potencjalnych odbiorców. Mleka sojowe, ryżowe i migdałowe na półce w sklepie już nie dziwią, a w każdej dobrej kawiarni w większym mieście dostaniesz kawę na mleku roślinnym. Ale jakie mleko kupować w sklepie, a jakie lepiej zrobić samemu?
Najbardziej zbliżonym i pełnowartościowym odpowiednikiem mleka krowiego jest **mleko sojowe fortyfikowane**, i to ono powinno być pierwszym wyborem, jeśli decydujesz się na zastąpienie produktu odzwierzęcego odpowiednikiem wegańskim. Zawiera stosunkowo dużo białka, mało tłuszczu, a dzięki fortyfikacji także witaminy B_{12} i D oraz wapń w takiej samej ilości jak w mleku krowim i w postaci, którą ludzki organizm przyswaja w podobnym stopniu. Domowe mleko sojowe wymaga pewnego nakładu pracy (moczenia, gotowania nasion, potem gotowania samego mleka) i często nie jest tak smaczne, jak się może wydawać (posiada charakterystyczny strączkowy zapach).
Dlatego właśnie moim zdaniem mleko sojowe warto kupować w sklepie. Należy wybierać takie, które nie zawiera dodatkowych składników, jak cukier i zagęstniki, lecz jest wzbogacane w wapń i witaminy.

> *Najbardziej zbliżonym i pełnowartościowym odpowiednikiem zwykłego mleka jest mleko sojowe z dodatkiem wapnia i witamin.*

Oprócz mleka sojowego na rynku znajduje się wiele rodzajów napojów roślinnych. W sklepach stacjonarnych i internetowych możesz znaleźć mleko migdałowe, z nasion konopi, komosy ryżowej i owsa. Te mleka bez problemu można zrobić samemu w domu, ponieważ nie wymaga to dużego nakładu pracy. Tak przygotowane mleko jest dużo smaczniejsze i lepsze, bo nie zawiera substancji zagęszczających i dodatków typu aromaty i sól. Ponadto często jest również tańsze, ale niestety już nie tak odżywcze i kompletne jak mleko krowie czy sojowe.
Podsumowując: jeżeli kupujesz mleko roślinne w sklepie, wybierz to sojowe, najlepiej fortyfikowane i bez dodatku cukru, a w domu ukręć własne z migdałów, ryżu lub pestek dyni!

Krótki i uniwersalny przepis na mleczny napój

Namocz na noc migdały, ryż i laskę cynamonu, rano wszystko zmiksuj i przecedź przez sito, a otrzymasz przepyszny *à la* mleczny napój.
Zobacz też: przepisy na waniliowe mleko migdałowe (s. 74) i horchatę (s. 227).

Moje kuchenne triki
(dla mnie naturalne, a dla Ciebie przydatne)

Każdy z nas ma swoje przyzwyczajenia, których po jakimś czasie już nawet nie zauważa i nie chwali się nimi. Większość z nich odkryłem, prowadząc warsztaty kulinarne. Gdy przygotowywałem menu, często słyszałem: „O! Czyli tak to robisz!", „O takich rzeczach właśnie trzeba pisać, bo człowiekowi do głowy to nie przyjdzie!". Przyjrzałem się swoim zwyczajom i spisałem triki kuchenne, które zwyczajnie ułatwiają życie. Może Tobie też się przydadzą?

- **Używam oleju w sprayu** – szczególnie wtedy, gdy nie chcę używać go za wiele lub potrzebuję dosłownie odrobiny. Świetnie się sprawdza zarówno do szybkiego pokrycia blachy cieniutką warstwą tłuszczu, jak i do wykończenia dania, na przykład pomidorowej bruschetty odrobiną oliwy z oliwek.

- **Używam obierków** – z marchwi, ziemniaków i wszystkich pozostałych warzyw korzeniowych. Wykorzystuję je do gotowania bulionu, bo przecież też nadają mu świetny smak!

- **Używam ręczników kuchennych** – gdy nie mam sprayu do oleju, to właśnie one pomagają mi rozprowadzić olej na blasze, a jednocześnie służą do odsączania nadmiaru tłuszczu z kotletów, krążków cebulowych oraz innych smażonych i pieczonych potraw.

- **Używam pieluch tetrowych** – przede wszystkim do produkcji domowego mleka migdałowego, gdy potrzebuję dużej powierzchni, która zatrzyma wszelkie fusy i kawałki orzechów.

- **Używam resztek pulpy pozostałej z wyciskania soków** – robię z niej burgery, dodaję ją do placków ziemniaczanych, a nawet koktajli.

- **Pokochałem moździerz** i to w nim rozgniatam czosnek, ulubione przyprawy do aromatycznej herbaty, a nawet robię w nim bazyliowe pesto!

- **Kupuję duże słoiki koncentratu pomidorowego**, który potem zamrażam w foremce na kostki lodu – dzięki temu mam zawsze pod ręką odpowiednią ilość koncentratu i nie obawiam się, że cały słoik przypadkiem się zepsuje.

- **Mrożę nasiona roślin strączkowych** – moczę i gotuję jednorazowo duże ilości, które potem dzielę na mniejsze porcje i tak mrożę. Oszczędzam przez to mnóstwo czasu.

- **Mrożę jarmuż w małych porcjach** – dzięki temu traci charakterystyczną nieprzyjemną goryczkę.

- **Do zmywarki zamiast nabłyszczacza wlewam ocet** – spełnia swoją funkcję, zawsze mam go w spiżarni. Po co wydawać pieniądze na niepotrzebną chemię?

LIQUID
ML
250 ml
200 ml
150 ml
100 ml
LIQUIDE / FLÜSSIGKEIT / LÍQUIDO / LIQUIDI
APPROX.

Dobry sprzęt to podstawa

Mimo że w każdym przepisie staram się uprościć procedurę przygotowywania potraw, roślinna kuchnia wymaga użycia kilku podstawowych sprzętów, które ułatwiają codzienne gotowanie. Oto niektóre z nich.

Porządny nóż – to podstawa. Bez dobrego, ostrego noża żadna kuchnia nie jest w pełni wyposażona!

Obieraczki do warzyw – używam dwóch, jednej zwykłej, płaskiej i jednej typu julienne, ze specjalnymi ząbkami, która kroi warzywa na małe słupki – jeśli dobrze poszukasz, znajdziesz ją w popularnych marketach, a na pewno zamówisz online. To dzięki niej robię makaron z cukinii i szybką surówkę z marchewki.

Mandolina do warzyw – pozwala na szybkie poszatkowanie kapusty na bigos, ogórka na mizerię, a dzięki regulowanej grubości cięcia mam pełną kontrolę nad obróbką wszelkich warzyw. Idealne słupki marchewki, cieniutkie plasterki mango czy rzodkiewki? Dla mandoliny to żaden problem. Jeśli planujesz w nią zainwestować, pamiętaj, aby miała wyjmowane ostrza (będzie można je ostrzyć) oraz regulację grubości cięcia.

Miarki – używam zarówno metalowych, jak i plastikowych łyżeczek, a takze kubków z mnóstwem różnych podziałek. Polecam szczególnie te plastikowe z podziałkami odpornymi na działanie wysokiej temperatury wody w zmywarce – inne mogą zniknąć po jednym myciu.

Moździerz – zaliczam go do ważniejszych narzędzi w mojej kuchni, ponieważ to w nim łączę smaki i aromaty. Warto wspomnieć, że jest to jedno z najbardziej prymitywnych i najstarszych urządzeń kuchennych. Z powodzeniem może służyć nie tylko do miażdżenia ziaren pieprzu i kolendry, ale również do zrobienia pesto czy pasty curry. Polecam szczególnie większe egzemplarze z szorstką wytłoczką, dzięki której używanie moździerza będzie dużo łatwiejsze.

Blender ręczny – podstawa przy robieniu wszelkich roślinnych past, zup kremów, ale również miksowanych burgerów, nuggetsów oraz pasztetów. Pomoże ukręcić wegański majonez, zmiksować jarmuż z bananem na koktajl i nerkowce na słodki krem do ciasta. Wybierz taki, który ma metalową końcówkę i dużą moc, na przykład 750 W.

Blender kielichowy – to on miksuje koktajle w taki sposób, aby nie było w nich żadnych grudek. Jeżeli ma dużą moc, pomoże Ci zrobić masło orzechowe z samych orzechów oraz lody w 100% z bananów i malin. Warto wybierać blendery wysokoobrotowe, których moc przekracza 1000 W, a na wyposażeniu mają specjalny popychacz ułatwiający pracę i miksowanie.

Malakser z ostrzami w kształcie litery S – w nim mielę orzechy na spód do ciasta, rozdrabniam płatki owsiane i miksuję namoczone daktyle. Bez problemu sieka cebulę i czosnek, które potem łączę z ciecierzycą i przecierem pomidorowym, tworząc pyszną pastę do chleba. Dzięki dodatkowym nakładkom możesz w nim zetrzeć marchewkę na tarce o małych oczkach, a ogórka pokroić w równe plasterki.

Waga kuchenna – używam jej rzadko, ale czasem naprawdę się przydaje, szczególnie gdy w jakimś przepisie trzeba przeliczyć ilość składników z gramatury na objętość. Używam zwykłej elektronicznej wagi z marketu i spełnia swoją funkcję.

Elektryczny młynek do kawy – świetnie nadaje się nie tylko do mielenia kawy (do tego celu polecam raczej młynki ręczne z regulacją grubości mielenia), ale również płatków owsianych, siemienia lnianego, a nawet ryżu!

Formy do ciasta – to podstawa w kuchni każdego roślinożercy, który planuje piec przeróżne ciasta, zarówno na słodko, jak i na słono. Zwykle wybieram klasyczne tortownice oraz formy na muffiny, ale w mojej kuchni nie brakuje też silikonowych form. Szczególnie polecam takie, które mają pokrywę – upieczone babeczki można od razu przetransportować do znajomych!

Miski – najlepsze będą metalowe, choć są droższe od plastikowych. Kupuję je w zestawach złożonych z kilku sztuk o różnej wielkości. Moczę w nich suche nasiona roślin strączkowych, a także miksuję pasty i sosy.

Blachy i ruszty – idealne zarówno do piekarnika, do pieczenia pasztetów i burgerów, jak i do suszenia biszkoptów i ciasteczek. Często używam ich również do mrożenia, na przykład ciecierzycy – wysypuję równą warstwę ziaren na blachę i wkładam ją do zamrażalnika. Pozwala to na dokładne zamrożenie strączków, które nie przylegają do siebie i nie sklejają się, zamarzając – potem wystarczy tylko przesypać je do woreczka.

Garnki i patelnie – używam tylko tych o grubym dnie i ze stali nierdzewnej. Niektóre pokryte są teflonem i powłokami nieprzywierającymi – świetnie się sprawdzają w przypadku smażenia bez tłuszczu. Dobry garnek i patelnia naprawdę potrafią zdziałać cuda w kuchni!

Maszynka do mielenia mięsa – być może to dziwny element wyposażenia kuchni weganina, ale czasem się przydaje. Możesz w niej zmielić namoczoną ciecierzycę i zrobić falafele z prawdziwego zdarzenia albo zmiażdżyć orzechy na masło orzechowe. Opcji jest naprawdę wiele, a dzięki dołączonym do maszynki specjalnym nadziewarkom przyrządzisz własną, roślinną kiełbasę!

Bez obaw – pamiętaj, że prawdziwy szef kuchni poradzi sobie bez drogiego sprzętu i stosu powlekanych blaszek. Kombinuj i odkrywaj nowe zastosowania standardowych urządzeń: zrób tosty w gofrownicy, ciastko w mikrofalówce, a brokuły ugotuj na parze nad gotującymi się ziemniakami!

Spiżarnia roślinożercy

> *Wszystkie te produkty warto mieć w swojej spiżarce, ale pamiętaj, że nie są niezbędne. Korzystaj z sezonowych warzyw, pełnoziarnistych kasz i makaronów. Sięgaj po rośliny strączkowe, orzechy, nasiona i ziarna, a Twoja roślinna kuchnia nigdy nie będzie nudna!*

Co warto mieć w spiżarni? Jakie mniej popularne składniki sprawią, że roślinne potrawy nabiorą dawnych, znanych Ci już smaków i aromatów?

Wędzona papryka – to składnik, który doda każdemu daniu dymnego, wędzonego aromatu, zaskoczy mięsożerców i ułatwi przestawienie się na dietę roślinną. Tę przyprawę kupisz w dobrych delikatesach i sklepach z żywnością z całego świata.

Kala namak, czarna sól – ma charakterystyczny jajeczny posmak, który nadaje się idealnie zarówno do smażonego tofu (jako odpowiednika jajecznicy), jak i wegańskiego omletu z mąki z ciecierzycy. Dodaj szczyptę czarnej soli do wegańskiego majonezu, a pokochasz go od razu!

Tempeh – to sojowy produkt fermentowany, który zawiera dużo pełnowartościowego białka i stosunkowo mało tłuszczu. Idealnie zastąpi w daniach mięso, bo może być podawany na wiele sposobów: jako płaskie steki, chrupiące paluszki, starty na tarce i podsmażony na patelni albo z sosem BBQ (s. 186).

Mąka z ciecierzycy – świetnie zagęści każdą potrawę i sos, a przy okazji wzbogaci je o dobrej jakości białko. Spróbuj koniecznie klopsików warzywnych (s. 182) z jej dodatkiem.

Płatki drożdżowe – są to nieaktywne drożdże, które nie fermentują i nie poradzą sobie ze spulchnieniem ciasta drożdżowego, ale za to zawierają mnóstwo naturalnego glutaminianu i mogą pełnić funkcję przyprawy wzmacniającej smak. Dają charakterystyczny lekko serowy i orzechowy posmak.

Agar – czyli roślinna żelatyna, przyda się wszędzie tam, gdzie potrzebujesz galaretki lub zagęszczacza, na przykład do ciasta bezglutenowego.

LASKOWE
ORZECHY
BRAZYLIJSKIE

Jak zachować świeżość na dłużej?

Odpowiednie przechowywanie warzyw, owoców, orzechów i innych produktów gwarantuje ich świeżość, długi okres przydatności do spożycia oraz zwyczajnie zapobiega jełczeniu i psuciu się jedzenia. Jak przechowywać poszczególne produkty?

Warzywa – każdy gatunek warzyw wymaga innego przechowywania, ale doświadczenie nauczyło mnie, że najwięcej problemów sprawiają pomidory. Powinno się je trzymać bezpośrednio w koszu w kuchni w temperaturze pokojowej, a nie w lodówce. To samo dotyczy czosnku i cebuli. W obniżonej temperaturze lepiej przechowywać między innymi marchewki, seler naciowy, brokuły, paprykę i oczywiście wszelkie sałaty liściaste. Na rynku są nawet specjalne pojemniki do warzyw i owoców, które pochłaniają nadmiar wilgoci i przedłużają ich trwałość.

Owoce – większość tych egzotycznych polecam przechowywać w temperaturze pokojowej, a niedojrzałe awokado położyć obok jabłek – wówczas szybciej dojrzeje. Banany, ananasy i melony lubią ciepło kuchni i bez problemu można trzymać je na półce w koszyku. Chłód lodówki służy świeżym owocom jagodowym (maliny, borówki, jeżyny) oraz winogronom.

Imbir i świeża kurkuma – te korzenie wkładam do lodówki zawinięte w papierową torebkę, która utrzymuje odpowiednią wilgoć i temperaturę, a to pozwala na długie przechowywanie tych aromatycznych przypraw.

Zioła – doniczki najczęściej stawiam na parapecie, ale gdy są to zioła cięte, owijam je w zwilżony ręcznik papierowy i wkładam do lodówki, dzięki czemu dłużej zachowują świeżość. Część ziół (np. koperek, natkę pietruszki) kupuję w sezonie w większych ilościach, myję, siekam i mrożę – dzięki temu cały czas mam dostęp do aromatycznej zieleniny.

Produkty sypkie – orzechy, nasiona i ziarna, ale też mąki, zboża i nasiona roślin strączkowych przechowuję w szczelnie zamykanych, czystych słoikach. To bardzo ważne, ponieważ mole spożywcze uwielbiają zagnieżdżać się w suchych produktach, które po takiej inwazji nie nadają się do spożycia. Co jakiś czas, gdy dany produkt się skończy, porządnie myję słoiki i je wyparzam. Możesz też stosować plastikowe pojemniki, pamiętaj jednak, aby pokrywka była szczelnie zakręcana.

Pieczywo – najlepszym miejscem dla niego jest klasyczny chlebak albo specjalne worki do przechowywania wypieków.

Oleje, sosy i marynaty – przechowuję w miarę możliwości w lodówce lub na półce z ograniczonym dostępem światła, aby jak najdłużej uchronić zawarte w tych produktach tłuszcze przed jełczeniem.

Kawa i herbata – ciemna, czysta szafka to najlepszy przyjaciel każdej dobrej herbaty i kawy. Tę drugą zawsze trzymam w fabrycznych opakowaniach i mocno zaciskam klamrą, lecz ważniejsze jest to, że ziarnistą kawę zawsze mielę na bieżąco, co gwarantuje najlepszą jakość naparu.

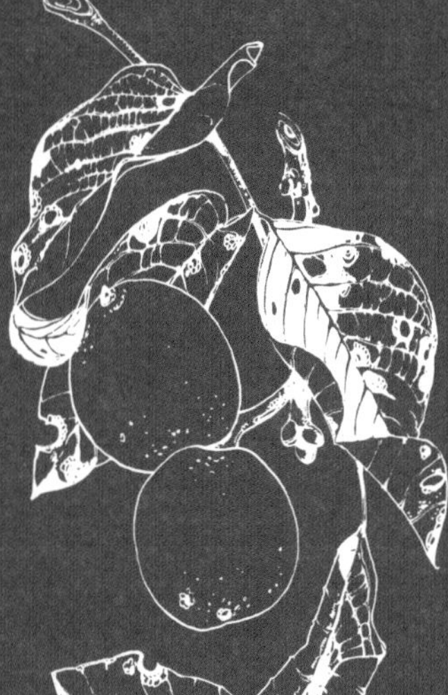

Przepisy –
co, jak i dlaczego?

Jak korzystać z przepisów?

Zawsze chciałem napisać coś więcej na ten temat, bo kluczem do sukcesu i idealnie wykonanych dań jest umiejętność czytania receptur ze zrozumieniem i odpowiedniego z nich korzystania. Dlatego spisałem kilka zasad. Warto się nimi sugerować podczas korzystania ze stworzonych przeze mnie przepisów.

1. Przed przystąpieniem do gotowania przeczytaj przepis od początku do końca. To dzięki temu dowiesz się, czy będziesz używać piekarnika, czy trzeba dzień wcześniej namoczyć fasolę albo przygotować zaczyn na drożdże. Przy okazji skontrolujesz swoją spiżarnię i będziesz mieć okazję do wpisania na listę zakupów składników, których brakuje w Twojej kuchni.
2. Jeżeli po raz pierwszy podchodzisz do konkretnego przepisu i chcesz postępować ściśle według niego, krok po kroku, przeczytaj go jeszcze raz – nie zaszkodzi. Jeżeli jednak lubisz eksperymentować w kuchni i potrzebujesz inspiracji, zabieraj się do gotowania! Niech Twoja głowa kipi od pomysłów!
3. Przygotuj składniki – możesz się tutaj posłużyć francuską metodą *mise en place*, czyli rozłożyć wszystkie wymagane w przepisie składniki na blacie. Będziesz mieć je pod ręką, w trakcie czytania opisu przygotowania danej potrawy niczego Ci nie zabraknie i nie stracisz czasu na szukanie łyżki kakao w nie wiadomo której szufladzie.

4. Szklanka szklance nierówna. Łyżeczka może być płaska, kopiasta albo mieścić równo 5 ml. Przy korzystaniu z jednego przepisu ważne jest jednak, aby używać cały czas tej samej szklanki i tej samej łyżeczki – tak aby proporcje między poszczególnymi składnikami się zgadzały. Przelicznik miar znajdziesz na s. 67.
5. Upraszczaj i przyśpieszaj. Jeżeli masz malakser, to nie trzyj marchewki na tarce, jak w przepisie, tylko śmiało korzystaj ze sprzętu! Podobnie w drugą stronę: jeżeli nie masz praski do czosnku – wystarczy, że zetrzesz go na bardzo drobnej tarce lub rozgnieciesz w moździerzu, a nawet po prostu drobno posiekasz.
6. Nie bój się pytać i szukać, bo nikt z nas nie wie wszystkiego! Staram się, aby każda potrawa była prosta w przyrządzeniu, jednak jeśli czegoś nie wiesz i nie rozumiesz, wrzuć pytanie w wyszukiwarkę, a na pewno znajdzie się odpowiedź, całkiem możliwe, że na moim blogu. Napisz też bezpośrednio do mnie, a z chęcią pomogę! Złapiesz mnie mailowo pod adresem: ksiazka@ervegan.com.
7. Nie przejmuj się, gdy nie wyjdzie! Przecież nie od razu Kraków zbudowano. Ja sam też miałem problemy z wegańską bezą, a biszkopt opadał mi nieraz. Praktyka czyni mistrza, a najlepsza nauka – to ta na błędach!

Powodzenia!

Czym mogę to zastąpić?

Odwieczny problem alergików i zaopatrzenia spiżarni

Z tym pytaniem spotykam się zdecydowanie najczęściej. Składniki można zamieniać zarówno ze względu na nietolerancje pokarmowe, zwyczajną niechęć do smaku niektórych produktów, jak i z powodu braków w spiżarni i ograniczonego budżetu.
Czym mogę zastąpić kokos w tych kokosankach? Jak zrobić bezglutenowy seitan*? No właśnie, czasem po prostu się nie da. Ale w wielu sytuacjach z łatwością można pozamieniać składniki tak, aby danie wyszło i smakowało znakomicie. Co i z czym zamieniać? Oto kilka popularnych przykładów.

Fasola

Praktycznie każdą fasolę można zamienić na inną. Czerwoną fasolę do czekoladowego brownie możesz zamienić na białego jasia, a groch łuskany wymienić na zieloną soczewicę. Może i uzyskasz inny efekt, ale na pewno będzie pysznie! Jeżeli chodzi o używanie strączków ze słoików lub puszek i tych gotowanych samemu – standardowo jedna puszka (około 400 g) odpowiada 1½ szklanki ugotowanych nasion strączkowych, czyli około ½ szklanki suchych nasion**.

Pestki, nasiona i orzechy

Ziarna słonecznika lubią się zamieniać miejscem z pestkami dyni i odwrotnie. Gdy przygotowujesz spód do ciasta i chcesz trochę zaoszczędzić, na przykład nie wydając funduszy na migdały – zastąp je właśnie ziarnami słonecznika lub innymi tańszymi orzechami.

Suszone morele, rodzynki, figi i żurawina

W przypadku ciast, musów, batoników i innych miksowanych słodyczy możesz bez obaw zamienić je na suszone daktyle. Będzie taniej, a nadal słodko!

---

* Seitan, tak zwane chińskie mięso, to potrawa, a często po prostu wyrób z mąki pszennej, z której wypłukuje się całą skrobię, pozostawiając czysty gluten. W ten sposób uzyskuje się produkt, którego struktura bardzo przypomina strukturę mięsa i który po odpowiednim doprawieniu imituje je.

** Wartości te mogą się nieznacznie różnić w zależności od gatunku rośliny strączkowej.

Cukier
Niemalże w każdym przepisie możesz zamienić go na ksylitol, erytrol, ich mieszankę lub po prostu ulubione przez siebie słodziwo. Jednym z wyjątków jest ciasto drożdżowe, które potrzebuje cukru do odżywienia drożdży w procesie ich fermentacji – a poliole, czyli środki słodzące, nie sprawią, że Twoje ciasto wyrośnie i będzie puszyste.

Syrop klonowy, z agawy i inne
Każdy z nich można wymienić na inny, podobny w smaku. W przypadku zamiany na zwykły cukier: ⅔ szklanki syropu z agawy odpowiada około 1 szklance cukru i dodatkowo około ¼ szklanki płynów z przepisu. Warto przeliczyć to jeszcze przed przystąpieniem do przygotowywania potrawy!

Płatki owsiane
Z nimi nierzadko jest problem, bo przez procesy produkcyjne często są zanieczyszczone glutenem i zwykle stanowią jedyne źródło tego alergenu w przepisie. Ale to właśnie one sklejają burgery, zagęszczają masę i powodują, że wszystko pięknie się trzyma i nie rozpada. Jeśli jednak gluten jest dla Ciebie problematyczny, zamień płatki owsiane na gryczane lub jaglane, ale dodaj ich nieco więcej. Dla zagęszczenia masy możesz również zastąpić je siemieniem lnianym.

Purée z banana
Możesz zastąpić je musem z dyni, batatu i marchewki, jeśli przygotowujesz słodkie wypieki i potrzebujesz zamiennika jajek. Użyj także siemienia lnianego: 1 łyżeczka zmielonych ziaren wymieszana z 3 łyżeczkami wody będzie wtedy Twoim odpowiednikiem jajka.

Ekstrakt waniliowy
Możesz go zastąpić po prostu miąższem z laski wanilii albo mieloną wanilią, którą znajdziesz w dobrze zaopatrzonych sklepach z akcesoriami do wypieków. Naprawdę warto zainwestować w dobrej jakości wanilię, ponieważ nadaje głęboki aromat niemalże każdemu daniu. Uważaj jednak na *cukier wanilinowy*, który z prawdziwą wanilią nie ma nic wspólnego.

Przelicznik miar

Wspominałem już o tym, że szklanka szklance nierówna... Czy wiesz, że szklanka amerykańska (*cup* US) różni się od szklanki brytyjskiej (*cup* UK)? Każda z nich ma inną pojemność. Na naszym rodzimym podwórku wcale nie jest prościej – pojemność „szklanki polskiej" dla jednych wynosi 200 ml, a dla innych – 250 ml.
Używając swoich miarek, zawsze posługuję się prostymi przelicznikami, które spisałem poniżej. Mam nadzieję, że pomogą Ci w codziennym gotowaniu według przepisów z mojej książki i bloga.

1 szklanka = 250 ml
1 łyżka = 15 ml
1 łyżeczka = 5 ml

1 szklanka cukru = 200 g
1 szklanka syropu z agawy = 350 g

1 szklanka mąki pszennej 650 = 130 g
1 szklanka mąki pszennej pełnoziarnistej 1850 = 130 g

1 szklanka płatków owsianych górskich = 110 g
1 szklanka płatków owsianych górskich mielonych = 125 g

1 szklanka kaszy jaglanej = 200 g
1 szklanka kaszy gryczanej = 190 g

1 szklanka ugotowanej ciecierzycy = 150 g
1 szklanka ugotowanej fasoli adzuki = 160 g

Przepisy – gotujemy!

bez glutenu

bez obróbki termicznej (gotowania i pieczenia)

30 min gotowe w 30 minut

pełnowartościowe białko

Fe żelazo bogate źródło żelaza

Ca wapń bogate źródło wapnia

Przepisy podstawowe

Ekspresowa maślanka sojowa

30 min
Ca wapń

Mleko sojowe już nie dziwi tak jak dawniej. W sklepach zaczynają się pojawiać jogurty roślinne, różne rodzaje mleka roślinnego i jego przetworów. Część z nich można bez problemu zrobić samemu w domu, na przykład zaszczepiając mleko sojowe bakteriami mlekowymi i uzyskując w ten sposób domowy wegański jogurt. Ten sposób na maślankę to jednak najszybszy i najefektowniejszy przepis na domowy roślinny nabiał! Skorzystaj z niego, gdy potrzebujesz kwaśnej śmietany lub lekko zsiadłego mleka roślinnego. Maślankę dodaj do jaglanego budyniu, sernika, a nawet koktajlu!

Składniki na 1 szklankę maślanki:

- *niepełna szklanka mleka sojowego (najlepiej bez cukru)*
- *1 łyżeczka octu jabłkowego (lub np. winnego)*

1. Mleko sojowe i ocet wlej do miseczki. Zamieszaj i odczekaj kilka chwil, aż Twoim oczom ukaże się kwaśna, gęsta maślanka!

Waniliowe mleko migdałowe

30 min

Składniki na około 1 litr mleka:

- *1 szklanka migdałów*
- *4 szklanki wody*
- *2 suszone daktyle*
- *miąższ z ½ laski wanilii lub ½ łyżeczki ekstraktu waniliowego*
- *szczypta soli*

1. Migdały i daktyle wsyp do miski lub dużego kubka, zalej wodą i pozostaw na całą noc.
2. Kolejnego dnia przełóż je do naczynia blendera kielichowego i dokładnie zblenduj.
3. Przelej cały płyn do dużej miski przez czystą ściereczkę, gazę lub pieluchę tetrową, aby oddzielić mleko od fusów.
4. Gotowe mleko dopraw do smaku solą oraz dodaj do niego wanilię. Smacznego!

3 razy majonez bez jajek

Podstawowy sos, a często również baza do sałatek i surówek. Majonez bez jajek to naprawdę prościzna! Do jego przygotowania nie potrzebujesz żółtka jaja, wystarczy Ci zwykły ręczny blender, który dokładnie połączy wszystkie składniki, zmieniając je w gęsty sos. Poza standardowym sojonezem mam dla Ciebie dwa inne pomysły na majonez bez jajek – z fasoli i awokado! Do każdego z nich możesz dodać swoje ulubione przyprawy, tworząc unikalny sos – spróbuj na przykład dodać ziół i czosnku, aby uzyskać sos czosnkowy!

Klasyczny majonez bezjajeczny na mleku sojowym – sojonez

30 min

Składniki na 1 większy słoik majonezu:

- *¼ szklanki mleka sojowego*
- *około ½ szklanki neutralnego łagodnego oleju roślinnego*
- *1–2 łyżeczki musztardy*
- *1 łyżeczka octu jabłkowego*
- *1 łyżka płatków drożdżowych*
- *sól, pieprz*

1. Do wąskiego naczynia blendera ręcznego wlej mleko sojowe, dodaj musztardę, ocet oraz płatki drożdżowe.
2. Zacznij blendować na wysokich obrotach i powoli, cienkim strumieniem, wlewaj do naczynia olej. Blenduj, aż sos zgęstnieje. Dopraw solą oraz pieprzem i ciesz się roślinnym majonezem na kanapce lub w burgerze.

Majonez z fasoli z mniejszą zawartością tłuszczu, a większą – białka

30 min

Składniki na 1 średni słoik majonezu:

- *1 szklanka ugotowanej białej fasoli*
- *3 łyżki neutralnego łagodnego oleju roślinnego*
- *1 łyżeczka musztardy*
- *1 łyżka soku z cytryny (lub limonki)*
- *woda*
- *sól, pieprz*

1. Fasolę przełóż do miski, dodaj pozostałe składniki i zacznij blendować.
2. Dodawaj po odrobinie wody, wciąż ucierając pastę, aż będzie mieć konsystencję gęstego majonezu. Dopraw do smaku.

Majonez z awokado, czyli coś dla fanów zielonych owoców

30 min

Składniki na 1 mniejszy słoik majonezu:

- *1 miękkie awokado*
- *sok z ½ cytryny (lub limonki)*
- *1 łyżeczka łagodnej musztardy*
- *1 łyżeczka oliwy z oliwek*
- *sól, pieprz*

1. Wszystkie składniki zmiksuj na gładką masę i dopraw do smaku. Możesz dodać odrobinę więcej oliwy z oliwek, by uzyskać lepszą konsystencję.
2. Majonez z awokado świetnie nadaje się do burgerów (s. 190), chipsów z jarmużu (s. 160) oraz frytek z cukinii (s. 148). Smacznego!

Majonez przełóż do szczelnie zamykanego słoika. Tak przygotowany możesz przechowywać przez kilka dni.

Najłatwiejsze naleśniki bez jajek

30 min | Ca wapń

Domowe naleśniki to marzenie każdego studenta, który przeprowadza się do innego miasta, aby poznać świat i zaczerpnąć wiedzy. Tak było też i w moim przypadku, jednak miałem dodatkowo pod górkę – nie chciałem używać do tego przepisu jajek. Nieważne, czy wybierzesz je ze względów etycznych czy po prostu ekonomicznych – wegańskie naleśniki bez jajek są równie pyszne, jak te u mamy!

Składniki na około 10 naleśników:

- *1 szklanka mąki pszennej 550*
- *1 szklanka mleka sojowego*
- *⅓–½ szklanki wody gazowanej*
- *1 łyżka oleju rzepakowego*
- *szczypta soli*

1. Do średniej miski przesiej mąkę i dodaj szczyptę soli. Następnie wlej mleko sojowe, potem olej, a na koniec wodę gazowaną. Miksuj, aż uzyskasz gładkie ciasto.
2. Naleśniki smaż na dobrze rozgrzanej patelni z powłoką nieprzywierającą. Staraj się równomiernie rozprowadzić ciasto. Gotowe naleśniki odkładaj na duży talerz, przykrywając go drugim talerzem – nie wystygną i będą pysznie miękkie. Smacznego!

3 razy daktyle

30 min

Daktyle, czyli najlepsza naturalna słodkość, jaka istnieje. Możesz przemienić je w: syrop, którym posłodzisz kawę, czekoladowy krem, którym posmarujesz naleśniki, a nawet daktylowy karmel, którym przełożysz biszkopt (s. 195), przygotowując pyszny i słodki tort. Daktyle to bardzo uniwersalne owoce, w Polsce najczęściej spotykane w formie suszonej. Jeśli trafisz na takie wyjątkowo suche – zmiel je na... cukier! Jeśli jednak masz dostęp do świeżych daktyli, a najlepiej medjool – nafaszeruj je masłem orzechowym, oblej czekoladą i zajadaj z rozkoszą! Sprawdź też moje przepisy na słodkości z daktyli, które przydadzą się na co dzień w kuchni.

Syrop daktylowy, czyli sama słodycz w płynie

Do słodzenia herbaty, ale też do naleśników i gofrów. Bez dodatku zbędnego rafinowanego cukru, jednak nadal z błonnikiem – takie słodzenie to ja rozumiem!

Składniki na 1 niepełną butelkę syropu:

- *½ szklanki suszonych daktyli bez pestek*
- *2–3 szklanki wody*

1. Daktyle zalej wrzącą wodą (wystarczy, że będzie tylko zakrywała owoce). Po chwili dodaj 2 lub 3 szklanki zimnej wody (zależy, jak gęsty syrop chcesz uzyskać) i zmiksuj. Gotowe!
2. Tak przygotowane słodziwo z daktyli przechowuj w szczelnie zamkniętej butelce w lodówce.

Krem daktylowy, czyli największa słodycz świata bez cukru

To krem, bez którego nie wyobrażam sobie naleśników na słodko. Gęsty i delikatny, do tego przepysznie słodki – a bez grama dodanego cukru. Wspomniałem, że jest gotowy dosłownie w 10 minut, a do jego przygotowania potrzeba tylko kilku prostych składników?

Składniki na około 2 szklanki kremu:

- *1 szklanka suszonych daktyli*
- *woda*
- *szczypta soli*

1. Daktyle zalej wrzącą wodą, a po kilku minutach, gdy będą już miękkie, odlej ją do osobnego naczynia.
2. Namoczone daktyle zblenduj na gładko, dodając po odrobinie odlanej wody, aż do uzyskania pożądanej przez Ciebie konsystencji. Na koniec dodaj szczyptę soli dla urozmaicenia smaku.

Krem daktylowy z masłem orzechowym, czyli coś znacznie lepszego niż zwykły karmel

Składniki na niepełną 1 szklankę kremu:

- *½ szklanki kremu daktylowego (przepis powyżej)*
- *2 łyżki masła orzechowego*
- *1 łyżeczka wody*
- *odrobina ekstraktu waniliowego (lub miąższu z laski wanilii)*
- *szczypta soli*

1. Krem daktylowy połącz łyżką z masłem orzechowym (trzymanym w temperaturze pokojowej lub ogrzanym z lodówki), dodając odrobinę wody oraz ekstraktu waniliowego.
2. Całość porządnie wymieszaj i na koniec dodaj szczyptę soli do smaku. Taki krem możesz wykorzystać jako dodatek na wierzch ciasta, do naleśników i gofrów, ale również po prostu wyjeść go łyżeczką ze słoika!

Słodki krem z nerkowców do naleśników, gofrów i muffinów

30 min
Fe żelazo

Zawsze, gdy potrzebuję czegoś słodkiego, co zapewni nie tylko słodycz, ale również kremową konsystencję i odrobinę zapomnienia, sięgam właśnie po ten krem. Jest na tyle prosty do zrobienia, że czasem przygotowuję go na poczekaniu, zalewając nerkowce wrzątkiem zaraz po wstaniu z łóżka. Śniadaniowe pankejki ze słodkim kremem? Żaden problem!

Składniki na około 1 szklankę kremu:

- *1 szklanka orzechów nerkowca*
- *3 łyżki syropu z agawy*
- *1 łyżka soku z cytryny*
- *1 łyżka oleju kokosowego*
- *½ łyżeczki mielonej wanilii lub 1 łyżeczka ekstraktu waniliowego*
- *woda*
- *szczypta soli*

1. Nerkowce zalej wrzątkiem i odstaw na minimum 30 minut, a najlepiej na 2 godziny. Po tym czasie odlej wodę, a nerkowce przełóż do naczynia blendera.
2. Dodaj wszystkie pozostałe składniki oprócz wody, tę dolewaj stopniowo, miksując orzechy na wysokich obrotach, aż do uzyskania pożądanej przez Ciebie konsystencji. Jeśli zależy Ci na gęstym kremie do ciasta, dodaj mniej płynu. Jeśli potrzebujesz słodkiej polewy do babeczek, dodaj go więcej.
3. Zmiksowany krem dopraw ewentualnie większą ilością soku z cytryny lub syropu. Przechowuj go w lodówce, w zamkniętej butelce lub słoiku.

Domowa przyprawa uniwersalna czyli naturalne „warzywko”

30 min

Wzmacniacze smaku, barwniki i sztuczne aromaty to niekiedy podstawa przypraw uniwersalnych proponowanych przez wielkich producentów. Doprawienie zupy czy warzywnego gulaszu odrobiną suszonych warzyw to nic złego, jednak zdecydowanie należy mieć kontrolę nad składem takiego poprawiacza smaku. Dlatego warto zrobić taką przyprawę samemu. Nie zajmuje to wiele czasu ani nie potrzeba do tego wielu składników, a na pewno „naturalne warzywko” przyda się osobom początkującym w kuchni – szczególnie tym, którym na początku przygody z gotowaniem brakuje w potrawach „tego czegoś”.

Składniki na 1 średni słoik przyprawy:

- *100 g suszonej włoszczyzny*
- *3 suszone pomidory (nie z zalewy)**
- *3 łyżki płatków drożdżowych*
- *1 łyżeczka wędzonej papryki*
- *1 łyżeczka suszonego czosnku w proszku*
- *1 łyżeczka soli (lub więcej)*

1. Wszystkie składniki drobno zmiel w dobrym młynku. Dopraw pod koniec solą i przesyp „warzywko” do słoika. Używaj do dosmaczania zup, gulaszy i dań jednogarnkowych. Szczelnie zamknięta przyprawa wytrzyma w słoiku długie miesiące.

* Suszone pomidory w sklepach można spotkać w dwóch wersjach: w zalewie (oleju) lub tak zwane suszone na słońcu – w foliowych opakowaniach, suche i bez zalewy.

Puder umami
czyli mała szczypta mocy smaków

30 min

Bomba smaku umami, nazywanego smakiem rosołowym, a nawet mięsnym. Urozmaici wiele dań, zup i przekąsek – szczególnie jeśli brakuje Ci mięsnego smaku i próbujesz odnaleźć go w kuchni roślinnej. Ze względu na egzotyczne składniki zaliczam tę przyprawę do ciekawostek kulinarnych, ale mam nadzieję, że Cię zaintryguje i Ci posmakuje. Jest to jednocześnie sypki zamiennik klasycznego japońskiego bulionu dashi, który oryginalnie bazuje na rybach.

Składniki na około ½ szklanki pudru:

- *½ szklanki suszonych grzybów shitake*
- *½ szklanki połamanych glonów kombu**

1. Oba składniki zmiel w młynku na pył i przesyp do słoika, w którym możesz przechowywać puder przez długi czas. Używaj go jako bazy bulionu do zup i sosów, ale również jako dodatku do przekąsek i dań głównych.

* Glony kombu oraz suszone grzyby shitake bez problemu kupisz w sklepach z żywnością azjatycką, w dobrych delikatesach oraz online.

NERKOWCE

Orzechowy parmezan z migdałów i płatków drożdżowych

30 min

Fe żelazo

Płatki drożdżowe to nie tylko bomba naturalnego glutaminianu, który podkręca smak każdego dania, ale też sposób na uzyskanie charakterystycznego serowego posmaku. Po zmiksowaniu ich z tłustymi orzechami i doprawieniu odrobiną soli otrzymasz roślinny parmezan, którym możesz posypać swój ulubiony makaron lub sałatkę.

Składniki na 1 większy słoik parmezanu:

- *¾ szklanki migdałów*
- *¼ szklanki orzechów nerkowca*
- *½ szklanki płatków drożdżowych*
- *1–2 łyżeczki soli*

1. Migdały i orzechy nerkowca zmiel na drobne kawałki (nie na pył!) w młynku lub w blenderze z ostrzami typu S.
2. Dodaj płatki drożdżowe, sól i porządnie wymieszaj.
3. Używaj do przyprawiana sałatek, makaronów, zapiekanek i czego tylko zapragniesz! Przechowuj w lodówce do miesiąca, w szczelnie zamkniętym słoiku.

Gomashio
czyli sól sezamowa w dwóch wersjach

30 min Fe żelazo Ca wapń

Ta japońska przyprawa, a dokładniej miks niełuskanych ziaren sezamu oraz soli, to taka mała perełka, którą możesz zrobić sam i przechowywać naprawdę długo. Tradycyjnie używana jest do ryżu (np. kanapek ryżowych onigiri), ale sprawdzi się wszędzie, gdzie trzeba dodać odrobinę charakteru. Wersja z zieloną herbatą matcha jest bardziej wytrawna i jeszcze bardziej zaskakująca w smaku – dlatego też warto jej spróbować.

Składniki na 1 średni słoik soli:

- *1 szklanka niełuskanych ziaren białego sezamu*
- *1 łyżka gruboziarnistej soli morskiej*
- *1 łyżeczka herbaty matcha (opcjonalnie)*

1. Na suchej patelni podpraż ziarna sezamu, aż będą złociste, a następnie odstaw je do ostygnięcia.
2. W większym moździerzu rozgnieć sezam razem z solą. Możesz zrobić to również w klasycznym młynku, ale nie miel wszystkiego na pył.
3. Klasyczne gomashio gotowe. Jeśli chcesz poeksperymentować, do połowy wykonanej przyprawy dodaj herbatę matcha i dokładnie wymieszaj.
4. Sezamową sól przechowuj w szczelnie zamkniętym słoiku.

Uniwersalny pasztet warzywny

Fe
żelazo

Jedni kochają robić wegańskie burgery, inni pasty do chleba, a niektórzy pasztety. Ja zdecydowanie najbardziej lubię piec wegańskie ciasta i wymyślać coraz to nowe wersje sernika jaglanego (s. 223), jednakże moja pierwsza książka nie mogła się obejść bez pasztetu! Szczególnie takiego uniwersalnego, który przygotujesz praktycznie z każdych warzyw, jakie lubisz, dzięki kilku prostym zasadom. Wystarczy trzymać się przepisu – odrobinę zmieniając składniki i dopasowując je do swego gustu – a pasztet będzie pięknie upieczony i się nie rozpadnie. Cała rodzina porządnie się nim naje!

Składniki na 1 podłużną formę o długości 20 cm:

- *4 szklanki mieszanki warzyw* startych na małych oczkach*
- *1½ szklanki ugotowanej ciecierzycy*
- *¾ szklanki suchej kaszy jaglanej*
- *1 szklanka ziaren słonecznika*
- *1 cebula*
- *2 ząbki czosnku*
- *2 łyżki sosu sojowego*
- *2 łyżki oleju rzepakowego*
- *3 łyżki płatków drożdżowych*
- *1 łyżeczka wędzonej papryki*
- *½ łyżeczki mielonego kuminu*
- *1 łyżeczka majeranku*
- *1 łyżeczka oregano*
- *sól, pieprz*

1. W dużym garnku rozgrzej olej i podsmaż na nim cebulę oraz czosnek. Następnie dodaj warzywa i duś całość przez kilkanaście minut, aż warzywa zmiękną i zmniejszą swoją objętość.
2. W tym czasie ugotuj kaszę jaglaną w 1½ szklanki wody, a słonecznik zmiel w młynku do kawy.
3. Do dużego garnka dodaj kolejno ciecierzycę, sos sojowy oraz płatki drożdżowe, później kaszę jaglaną i słonecznik. Całość zdejmij z ognia i zmiksuj bardzo dokładnie tak, aby nie pozostały żadne kawałki warzyw.
4. Gotową masę solidnie dopraw i przełóż do keksówki wyłożonej papierem do pieczenia. Wstaw ją do piekarnika rozgrzanego do 180°C i piecz przez około 50 minut.
5. Po upieczeniu pasztet (wciąż w foremce!) odstaw do ostudzenia na całą noc. Kolejnego dnia delikatnie wyjmij go z formy i pokrój w grube plastry. Smacznego!

* Użyj: marchewki, selera, pietruszki, buraka i innych warzyw korzeniowych, cukinii lub dyni.

Proste ciasto kruche i ciasto na pizzę

Ciasto kruche

Składniki na 1 większą tartę:

- *200 g mąki krupczatki*
- *około ⅔ szklanki płynnego oleju roślinnego (np. rzepakowego)*
- *2–4 łyżki cukru pudru (w wersji słodkiej)*
- *2–3 łyżki zimnej wody*
- *szczypta soli*

Do podania

- *owoce, dżem lub śmietanka kokosowa*

1. Do miski wsyp mąkę, sól i ewentualnie cukier, dodaj olej i wymieszaj widelcem. Zacznij dodawać po jednej łyżce wody i wyrabiaj szybko, aż ciasto będzie tworzyć zwartą kulę i przestanie się lepić do rąk. Zawiń je w folię spożywczą i odłóż na chwilę do lodówki.
2. Aby upiec prostą tartę, wyciągnij ciasto z lodówki, odwiń z folii i na stolnicy rozwałkuj je na grubość około ½ cm. Następnie przełóż je na blachę wyłożoną papierem do pieczenia i ponakłuwaj widelcem. Przykryj arkuszem papieru i obciąż go (np. suchą fasolą).
3. Piecz w piekarniku rozgrzanym do 240°C przez kilkanaście minut, aż ciasto zacznie się rumienić. Po tym czasie dodaj farsz według uznania – mogą być to świeże owoce, dżem lub śmietanka kokosowa.

Ciasto na pizzę

Składniki na 1 pizzę o średnicy 30 cm:

- *250 g mąki pszennej (najlepiej typu 00)*
- *150 ml ciepłej wody*
- *1 łyżka oleju roślinnego*
- *8 g drożdży instant*
- *1 łyżeczka cukru*
- *1 łyżeczka soli*

1. Do misy miksera przesiej mąkę, wsyp sól, cukier i drożdże i porządnie wszystko wymieszaj. Dodając powoli wodę, zacznij wyrabiać ciasto za pomocą haka do ciasta drożdżowego. Pod koniec wyrabiania dodaj łyżkę oleju.
2. Ciasto uformowane w kulę odstaw w ciepłe miejsce, aż podwoi swoją objętość. Po tym czasie uderz napęczniałe ciasto pięścią i ponownie uformuj kulę. Przełóż ją na blachę lub kamień do pizzy.
3. Gdy ciasto znów podwoi swoją objętość, uformuj z niego okrągłą pizzę, nałóż na nią swoje ulubione składniki i sos. Piecz w mocno nagrzanym piekarniku (250°C) przez mniej więcej 10 minut.

Pełnoziarniste bułki do burgerów

Jeżeli masz dość napchanych powietrzem i spulchniaczami bułek ze sklepu, to koniecznie zainteresuj się tym przepisem. Jest prosty, zawsze wychodzi, a jedyne, czego mu (a w zasadzie drożdżom) potrzeba, to odrobina cierpliwości. Bułki do burgerów powinny być jednocześnie lekkie i treściwe – dlatego dobrze sprawdza się tutaj odrobinę cięższa mąka pełnoziarnista. Dzięki niej bułki są również zdrowsze. Świetnie przypiekają się w piekarniku dodatkowo posmarowane przeciśniętym przez praskę czosnkiem i posypane odrobiną cząbru.

Składniki na około 6 bułek:

- *1¼ szklanki mąki pszennej pełnoziarnistej 1850*
- *¾ szklanki mąki pszennej 650*
- *8 g suszonych drożdży*
- *2 łyżki oleju rzepakowego*
- *1 łyżeczka cukru*
- *1½ łyżeczki soli*
- *około 300 ml ciepłej, ale nie gorącej wody (lub mleka sojowego)*
- *ziarna sezamu (opcjonalnie)*

1. Oba rodzaje mąki przesiej do miski i dodaj cukier, drożdże oraz sól.
2. Kolejno wlej wodę oraz olej i dokładnie wyrób ciasto mikserem lub krótko wymieszaj i przełóż na blat obsypany mąką, na którym dokończysz wyrabianie. Ciasto będzie lekko lepkie. Przykryj je ściereczką lub folią i odstaw w ciepłe miejsce na około godzinę, aż podwoi swoją objętość.
3. Gdy ciasto wyrośnie, na oprószonym mąką blacie uformuj z niego okrągłe bułki. Połóż je na blasze wyłożonej papierem do pieczenia i przykryj, zostawiając znów na około godzinę do wyrośnięcia.
4. Po tym czasie rozgrzej piekarnik do 200°C i piecz bułki przez około 20 minut. Możesz je wcześniej posmarować mlekiem sojowym z odrobiną oleju i posypać sezamem.
5. Gdy bułeczki ostygną, będą gotowe do jedzenia. Smacznego!

3 razy bulion
(klasyczny, kukurydziany, azjatycki)

Klasyczny bulion warzywny

- *3–4 litry wody*
- *2 łyżki oleju (rzepakowego, kokosowego lub oliwy z oliwek)*
- *4 marchewki*
- *3 pietruszki*
- *1 średniej wielkości korzeń selera*
- *1 por (biała i zielona część)*
- *3 średnie cebule*
- *1 ząbek czosnku*
- *1 pęczek pietruszki*
- *1 pęczek lubczyku (opcjonalnie)*
- *2 liście laurowe*
- *kilka ziarenek pieprzu i ziela angielskiego*
- *kilka plasterków świeżego imbiru (opcjonalnie)*
- *1 łyżka sosu sojowego*
- *sól, pieprz*

1. W dużym garnku o grubym dnie rozgrzej olej i podsmaż na nim obrane i pokrojone na kawałki warzywa. Cebulę możesz opalić nad palnikiem gazowym, przypiec w piekarniku lub zrumienić palnikiem ręcznym. Dodaj zmiażdżony czosnek, zioła, liście laurowe, ziarna pieprzu i ziela angielskiego. Jeśli lubisz imbir, dorzuć również jego plastry.
2. Gdy warzywa się podpieką, zalej je wodą i gotuj przez 2–3 godziny na wolnym ogniu.
3. Bulion przecedź przez sito i dopraw do smaku solą, pieprzem i sosem sojowym.

Bulion kukurydziany

To świetny sposób na wykorzystanie całej kolby z kukurydzy. Po obraniu ziaren nigdy nie wyrzucaj „zużytych" kolb! Zrób z nich bulion kukurydziany, świetny jako baza do wielu zup kremów.

- *2 litry wody*
- *1 łyżka oleju rzepakowego*
- *2 kolby kukurydzy obrane z ziaren*
- *4 średnie cebule*
- *1 ząbek czosnku*
- *sól*

1. W garnku na rozgrzanym oleju podsmaż pokrojone w ćwiartki cebule oraz posiekany czosnek. Dodaj kolby kukurydzy, zalej wszystko wodą i gotuj przez około godzinę, aż woda będzie lekko mętna.
2. Tak przygotowany bulion przecedź przez sito, dopraw solą i użyj do przygotowania kremu kukurydzianego z maślanką sojową (s. 165).

Prosty bulion azjatycki

- *3 litry wody*
- *1 łyżka oleju (rzepakowego lub kokosowego)*
- *2 marchewki*
- *1 pietruszka*
- *½ korzenia selera*
- *3 większe cebule*
- *5 ząbków czosnku*
- *2 kawałki imbiru wielkości kciuka*
- *1 arkusz glonów nori*
- *3–4 suszone grzyby shitake (większe sztuki)*
- *3 łyżki sosu sojowego*

1. W garnku na rozgrzanym oleju podsmaż cebulę pokrojoną w ósemki, przeciśnięty przez praskę czosnek oraz posiekany imbir, aż zaczną brązowieć i odrobinę przywierać do dna. Uważaj, aby się nie przypaliły.
2. Warzywa zalej wodą (uwaga, może pryskać!), dorzuć pozostałe składniki i gotuj przez 2–3 godziny na wolnym ogniu.
3. Bulion przecedź przez sito i dopraw sosem sojowym.

Mój ulubiony sos pomidorowy jak z Włoch

30 min

Składniki na około 2–3 szklanki sosu:

- *1 duży słoik (750 ml) przecieru pomidorowego (passaty, nie koncentratu)*
- *2 ząbki czosnku*
- *1 mała cebula*
- *2 łyżki oliwy z oliwek*
- *2 łyżeczki suszonego oregano (lub świeżych listków z kilku gałązek)*
- *sól, pieprz*

1. W garnku o grubym dnie podsmaż na oliwie czosnek i posiekaną cebulę. Następnie dodaj całą passatę i trzymaj na małym ogniu, aż sos sporo odparuje.
2. Pod koniec dopraw sos solą i pieprzem oraz sporą ilością oregano. Podawaj na pizzy, ze swoim ulubionym makaronem albo farinatą (s. 139). Smacznego!

Sos satay

30 min

Pozornie zupełnie niepasujące do siebie składniki zmieniają się w gęsty i aromatyczny sos robiący furorę na warsztatach, które prowadzę. Naprawdę warto spróbować – sos jest po prostu genialny, co zawdzięcza masłu orzechowemu, mleku kokosowemu i niesamowicie aromatycznej paście!

Składniki na 1 spory słoik sosu:

- *1 puszka mleka kokosowego (400 ml)*
- *1 szklanka masła orzechowego*
- *⅓ szklanki syropu z agawy lub brązowego cukru*
- *3 łyżki sosu sojowego*
- *1 łyżka octu jabłkowego*
- *1 cebula*
- *1 papryczka chili bez pestek*
- *3 ząbki czosnku*
- *kawałek imbiru wielkości kciuka*
- *½ łyżeczki mielonego kuminu*
- *1 pęczek świeżej kolendry lub natki pietruszki*
- *1 łyżka oleju*
- *sól, pieprz*

1. Pozbawioną pestek papryczkę chili, obraną cebulę, przeciśnięte przez praskę ząbki czosnku i obrany imbir zmiksuj w małym malakserze na gładką pastę.
2. W głębokim rondlu rozgrzej olej i podsmażaj w nim pastę przez kilka minut.
3. Kolejno dodaj masło orzechowe, mleko kokosowe, syrop z agawy i pozostałe składniki. Dopraw solą i pieprzem. Gdyby sos był zbyt gęsty, możesz dodać trochę wody.
4. Gotowego sosu używaj do marynowania tofu i jako dodatku do sałatek lub spring rollsów.

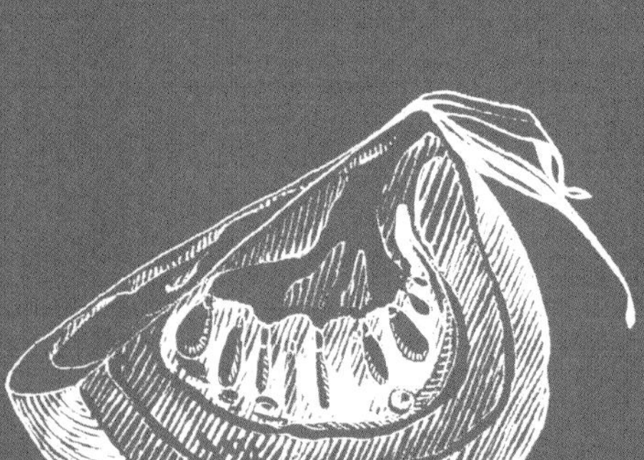

Poranki i wieczory

Bananchia
czyli łatwiejsza wersja puddingu chia

30 min

Ca wapń

Pudding chia to świetny deser, który nie tylko dobrze smakuje, ale także jest prosty do zrobienia. O ile masz w lodówce zapas mleka kokosowego. Często bywa, że niestety mleka brakuje, więc sam od dłuższego czasu robię pudding zupełnie inaczej – z bananem. Mniej cukru, równie pysznie, a przede wszystkim taniej i bez problemów z zakupami.

Składniki na 1 porcję:

- *½ szklanki purée z banana (1 zmiksowany banan)*
- *⅓ szklanki mleka sojowego lub migdałowego (tak naprawdę dowolnego mleka roślinnego)*
- *3 łyżki nasion chia*
- *1 łyżka soku z cytryny*
- *1 łyżka syropu klonowego (opcjonalnie)*
- *szczypta soli*

Do podania:

- *smażone banany, maliny, granat, mięta lub inne Twoje ulubione dodatki*

1. Do purée z banana dodaj mleko roślinne. Porządnie wymieszaj razem z nasionami chia, syropem klonowym, sokiem z cytryny i szczyptą soli.
2. Masę przełóż do słoika i odstaw do lodówki na kilka godzin, a potem zajadaj z Twoimi ulubionymi dodatkami. Smacznego!

Dyniowe pankejki

30 min | Ca wapń

Ten przepis to rozszerzenie receptury na klasyczne pszenne naleśniki (s. 81). Dzięki dodatkowi dyniowego purée i korzennych przypraw otrzymujemy pyszne placuszki, które są lekko słodkie i mają typowo jesienny aromat.

Składniki na około 10 pankejków:

- *1 szklanka mąki pszennej 550*
- *1 szklanka mleka sojowego (ewentualnie odrobina więcej)*
- *½ szklanki dyniowego purée*
- *1 łyżka oleju rzepakowego*
- *½ łyżeczki proszku do pieczenia*
- *szczypta soli*

Do podania:

- *krem z nerkowców (s. 86), syrop klonowy, posiekane orzechy*

1. Mąkę z proszkiem do pieczenia przesiej do większej miski, a w drugiej zmieszaj dyniowe purée i mleko. Składniki mokre połącz z suchymi i porządnie wymieszaj mieszadłem miksera, dużą trzepaczką lub po prostu łopatką. Pod koniec dodaj olej oraz odrobinę soli.
2. Pankejki smaż na dobrze rozgrzanej patelni po kilka minut z każdej strony. Podawaj z kremem z nerkowców, syropem klonowym i posiekanymi orzechami. Smacznego!

Orzechowa pasta z bakłażana

30 min

Najłatwiejsza pasta, jaką znam, z mojego ukochanego sezonowego warzywa: bakłażana, który w lecie razem z paprykami króluje na targach i w marketach. Łączę go z orzechami włoskimi, które nadają mu niebywały smak – a z cebulką i szczypiorkiem świetnie smakuje na dobrym pieczywie.

Składniki na 1 małą miskę pasty:

- *1 większy bakłażan*
- *niecała 1 szklanka orzechów włoskich*
- *1 łyżka oleju rzepakowego*
- *sól, pieprz*

Do podania:

- *cebula, szczypior, chleb żytni*

1. Bakłażana przekrój wzdłuż na pół i ponakłuwaj widelcem zarówno środek (miąższ), jak i skórę. Nasmaruj lekko olejem i piecz w piekarniku rozgrzanym do 180°C, aż będzie miękki.
2. Większą łyżką wydrąż miękki miąższ, przełóż go do naczynia blendera i odstaw do ostygnięcia.
3. Orzechy włoskie zetrzyj na małych oczkach tarki i dodaj do miąższu bakłażana.
4. Całość zmiksuj na gładką pastę i dopraw do smaku solą oraz pieprzem.
5. Pastę zajadaj z żytnim chrupkim pieczywem, z piórkami cebuli oraz posiekanym szczypiorem. Smacznego!

Twarożek gazdy
czyli wędzone smaki z cebulką

Pewnie niejeden podhalański gazda zdziwiłby się, że jego imieniem nazywam twarożek z jakiejś soi. Jednak aromat wędzonego tofu przypomina mi niezmiernie góralskie oscypki, które w połączeniu z zeszkloną cebulką i żurawiną smakują po prostu bosko. Właśnie takie smaki odnajdziesz w tym przepisie!

Składniki na kilka większych porcji:

- *1 kostka wędzonego tofu*
- *1 biała cebula*
- *2 łyżki oleju rzepakowego*
- *1 łyżeczka soku z cytryny (opcjonalnie)*
- *½ łyżeczki wędzonej papryki*
- *sól, pieprz*

1. Tofu wyjmij z opakowania, odlewając jego zalewę do szklanki. W zależności od tego, jaką konsystencję twarożku chcesz uzyskać, zmiażdż tofu widelcem w małej misce, rozkrusz je w dłoniach lub zblenduj.
2. Cebulę posiekaj w drobną kostkę i smaż przez kilka chwil na rozgrzanym oleju. Przełóż ją do miski z tofu i wymieszaj. Kolejno dodaj wędzoną paprykę, sok z cytryny i zalewę z tofu. Wszystko dokładnie wymieszaj i ugnieć porządnie widelcem. Dopraw solą oraz pieprzem.
3. Twarożek gotowy – przechowuj go w zamkniętym słoiku do 3 dni i zajadaj na pajdzie dobrego chleba, np. z żurawiną. Smacznego!

Paprykarz z ryżem i ciecierzycą

30 min

żelazo

Klasyczny paprykarz zawiera jednocześnie wszystko i nic. W tej roślinnej wersji masz jednak pełną kontrolę nad składnikami, a posługując się moim przepisem, masz też pewność, że twoja pasta będzie zbilansowana, wartościowa i odżywcza. Użyj pełnoziarnistego ryżu i ziaren ciecierzycy, a dostarczysz sobie kompletu aminokwasów!

Składniki na 1 sporą miskę paprykarza (lub 2 słoiki):

- *¾ szklanki suchego ryżu pełnoziarnistego*
- *1½ szklanki ugotowanej ciecierzycy*
- *2 starte marchewki*
- *2 posiekane średnie cebule*
- *2 łyżki koncentratu pomidorowego*
- *1 łyżka oleju*
- *1 łyżka sosu sojowego*
- *1 łyżeczka wędzonej papryki*
- *sól, pieprz*

1. Ryż ugotuj *al dente*, a na rozgrzanej patelni podsmaż na oleju cebulę, marchewkę oraz ugotowaną ciecierzycę. Powinno to trwać około 15 minut, do czasu, aż warzywa zmiękną.
2. Po tym czasie przełóż na patelnię ugotowany ryż, wymieszaj całość z koncentratem pomidorowym, sosem sojowym oraz wędzoną papryką. Dopraw solą oraz pieprzem i gotowe!

Hummus z pieczonym czosnkiem i chipsami z jarmużu

Fe żelazo

To moja ulubiona wersja hummusu – popularnej wegepasty, którą znajdziecie dosłownie wszędzie: na każdym blogu kulinarnym i w co drugim popularnym dyskoncie. Klasyczna wersja jest nie do podrobienia, a mieszkańcy Bliskiego Wschodu przygotowują ją bez dodatku czosnku i z kwaskiem cytrynowym. Jednak hummus to tak uniwersalna pasta, że każda kombinacja smakowa powinna Ci smakować – a już szczególnie ta z pieczonym czosnkiem i chrupiącymi chipsami z jarmużu!

Składniki na około 5 porcji:

- *1 szklanka suchej ciecierzycy*
- *¾ szklanki tahini*
- *4 łyżki soku z cytryny*
- *2 główki czosnku*
- *sól*
- *1 łyżeczka sody oczyszczonej*

Do podania:

- *oliwa z oliwek, świeża kolendra, chipsy z jarmużu (s. 160), pomidor*

1. Ciecierzycę zalej wodą na wysokość 3 palców nad poziomem ziaren. Dodaj łyżeczkę sody oczyszczonej i odstaw na całą noc.
2. Następnego dnia odcedź i przepłucz ciecierzycę, a potem ugotuj ją w świeżej wodzie. Gotuj do momentu, aż rozgnieciona między palcami będzie miała maślaną konsystencję.
3. W tym czasie obierz ząbki czosnku, włóż je do piekarnika rozgrzanego do 220°C i piecz, aż zbrązowieją i będą miękkie jak masło.
4. Do naczynia blendera włóż wszystkie składniki oprócz soku z cytryny i soli. Zmiksuj, dodając po odrobinie wody. Następnie dopraw masę solą i sokiem z cytryny.
5. Hummus należy ucierać, aż będzie miał jedwabiście gładką konsystencję. Gdy będzie gotowy – przełóż go na talerz, skrop oliwą, posyp świeżą kolendrą i chipsami z jarmużu oraz udekoruj kawałkami pokrojonego pomidora. Smacznego!

Ziołowy serek z orzechów nerkowca

Fe żelazo

Nerkowce to jedne z najbardziej uniwersalnych orzechów. Można zrobić z nich słodki krem do naleśników (s. 86), parmezan (s. 93), ale również ziołowy serek do smarowania pieczywa. Niestety, nie poprzestaniesz na jednej kromce z tym dodatkiem, bo serek z nerkowców jest naprawdę pyszny, a jego konsystencja – wręcz aksamitna!

Składniki na naczynie o średnicy około 12 cm:

- *½ szklanki orzechów nerkowca*
- *2 łyżeczki ziół prowansalskich*
- *1 ząbek czosnku*
- *2 łyżki płatków drożdżowych*
- *2 łyżeczki skrobi ziemniaczanej*
- *1 łyżeczka soli*
- *1 łyżka soku z cytryny*
- *1 łyżka syropu z agawy (opcjonalnie)*
- *2 łyżeczki agaru w proszku*
- *około ¾ szklanki wody*
- *odrobina oleju roślinnego*
- *zioła do dekoracji*

1. Nerkowce zalej wrzątkiem i odstaw na 2–3 godziny, a najlepiej na całą noc.
2. Następnego dnia odlej wodę, a namoczone orzechy przełóż do naczynia blendera i dodaj pozostałe składniki (razem z ¾ szklanki wody), oprócz agaru i oleju. Wszystko zmiksuj na wysokich obrotach, aż uzyskasz gładką pastę.
3. W małym rondlu o grubym dnie wymieszaj agar z 2 łyżkami wody, aż się w pełni rozpuści. Wlej masę orzechową i dokładnie zmieszaj z rozpuszczonym agarem, gotując na małym ogniu.
4. Masa powoli zgęstnieje, a po 3 minutach będzie gotowa. Kokilki lub małą miseczkę wysmaruj dokładnie olejem i oprósz ziołami. Następnie wlej masę z nerkowców i wygładź wierzch.
5. Miseczkę/kokilki przykryj folią aluminiową i odstaw do lodówki, najlepiej na całą noc.
6. Rano wystarczy wyciągnąć serek z naczynia na płaski talerz i cieszyć się nim na kanapkach. Smacznego!

Chleb z suszonymi pomidorami dla leniwych

Bez wyrabiania – to chleb, który pokochają leniwi i zapracowani, ale również ci, którzy uwielbiają zapach i smak swojskich wypieków. Z płatkami owsianymi, suszonymi pomidorami i czosnkiem – aromatyczny i pachnący, a przede wszystkim pyszny i domowy.

Składniki na 1 chleb o średnicy około 25 cm:

- *350 g mąki chlebowej pszennej typ 750 (około 2 szklanek)*
- *½ szklanki płatków owsianych*
- *10 suszonych pomidorów z zalewy*
- *1 łyżeczka czosnku w proszku lub 2 ząbki świeżego*
- *1 łyżeczka suszonych drożdży*
- *1 łyżeczka cukru*
- *1 łyżeczka soli*
- *350 ml letniej wody*

1. Mąkę przesiej przez sito do większej miski, dodaj drożdże, wszystkie przyprawy, płatki owsiane oraz posiekane suszone pomidory.
2. Do miski wlewaj partiami wodę i mieszaj składniki przez 2–3 minuty. Ciasto będzie lepiące i dość niedokładnie połączone – tak ma być.
3. Miskę z ciastem przykryj folią spożywczą i odstaw na całą noc na blat kuchenny, aby odpoczęło i podrosło.
4. Następnego dnia czystą ściereczkę obsyp mąką i wyłóż na nią ciasto. Uformuj kulę i przykryj ją, odstawiając ponownie do podrośnięcia na około 2 godziny.
5. Piekarnik rozgrzej do 240°C wraz z naczyniem żeliwnym lub żaroodpornym. Gwarantuje ono chrupiącą, wypieczoną skórkę.
6. Ciasto przełóż do nagrzanego naczynia i piecz około 30 minut z pokrywką, a następnie około 20 minut bez pokrywki, aby wierzch ładnie się przypiekł. Po tym czasie chleb jest gotowy – odstaw do ostygnięcia, a potem zajadaj z warzywnymi pastami. Smacznego!

Chlebek czosnkowy
do odrywania z pietruszkowym pesto

Bardzo lubię nieklasyczne chleby – przy takim samym nakładzie pracy dostaję ciekawszą formę. Tak jest właśnie z tym chlebkiem, który jest niesamowicie aromatyczny dzięki bogatemu w czosnek pesto z natki pietruszki. Jednocześnie jest łatwy w przygotowaniu, a jego odrywana forma świetnie się sprawdza na spotkaniach ze znajomymi – wystarczy podczas kolacji albo imprezy wystawić taki chlebek na środek stołu, a każdy już sobie poradzi, bez noża i zbędnego krojenia.

Składniki na prostokątną formę:

- *500 g mąki chlebowej pszennej typ 750*
- *350 ml lekko ciepłej wody*
- *50 ml oleju rzepakowego*
- *8 g suszonych drożdży*
- *1 łyżka cukru*
- *1½ łyżeczki soli*

1. Ze składników na chleb zagnieć ciasto: do dobrze wymieszanych składników sypkich z drożdżami dolewaj stopniowo wodę, cały czas wyrabiając. Ciasto nie będzie klejące, lecz gładkie i zwarte. Przykryj je ściereczką i odstaw do wyrośnięcia na godzinę w ciepłe miejsce bez przeciągów.

ciąg dalszy na następnej stronie

Składniki na pesto:

- *1 pęczek natki pietruszki*
- *2–3 łyżki orzechów nerkowca (lub ziaren słonecznika)*
- *5–6 ząbków czosnku*
- *2 łyżki płatków drożdżowych*
- *4 łyżki oleju rzepakowego*
- *sól, pieprz*

2. Wszystkie składniki na pesto zmiksuj w blenderze lub malakserze, dodając po odrobinie oleju, aż będą dobrze połączone. Dopraw solą i pieprzem i nie bój się, że pesto jest bardzo czosnkowe – po upieczeniu aromat nie będzie tak ostry.
3. Wyrośnięte ciasto przełóż na oprószony mąką blat i rozwałkuj na duży prostokąt o grubości ½ cm. Następnie rozsmaruj pesto na całej powierzchni ciasta. Przekrój je na pół wzdłuż dłuższego boku, a potem krój w poprzek, na prostokąty o wysokości około 6 cm – będą to pojedyncze kromki do odrywania.
4. Wszystkie kromki przełóż do nasmarowanej olejem formy, układając je „na stojąco" i formując długi bochenek. Całość przykryj folią i odstaw do wyrośnięcia na czas nagrzewania się piekarnika do 180°C.
5. Formę z ciastem wstaw do nagrzanego piekarnika i piecz 30–40 minut, aż wierzch chleba będzie zrumieniony. Możesz jeść od razu na ciepło, a potem odgrzać w kilka chwil na grillu – wtedy smakuje najlepiej. Smacznego!

Przystawki i przekąski

Chrupki z ciecierzycy w trzech smakach

Chrupiąca i aromatyczna przekąska zamiast chipsów i popcornu? Przyprawiona ciecierzyca! Nie dość, że zapewni Ci porcję białka, to przy okazji będzie boskim chrupaczem na niekończące się maratony Twojego ulubionego serialu. Podrzucam Ci trzy moje propozycje, w tym przepis na klasyczną wersję, jednak nie bój się eksperymentować i doprawiaj ciecierzycę po swojemu!

Składniki na 1 blachę:

- *3 szklanki ugotowanej ciecierzycy*
- *3 łyżeczki oleju roślinnego (np. rzepakowego)*
- *po ½ łyżeczki wędzonej papryki, kuminu i curry (bez dodatku wzmacniaczy smaku i wypełniaczy)*
- *sól i pieprz*

1. Ciecierzycę podziel na 3 równe części i przełóż każdą z nich do osobnej miseczki. Dodaj do każdej części po 1 łyżeczce oleju oraz przyprawy: do każdej miseczki inną mieszankę.
2. Piekarnik rozgrzej do 180°C. Blachę wyłóż papierem do pieczenia i rozsyp na niej ciecierzycę tak, żeby nie zmieszać smaków. Piecz przez około 10 minut, aż ciecierzyca stanie się chrupiąca. Po tym czasie przesyp ją do miski i ostudź, a potem zajadaj ze smakiem. Smacznego!

Popcorn z płatkami drożdżowymi

30 min

Składniki na 1 dużą miskę:

- *½ szklanki kukurydzy na popcorn*
- *2 łyżki oleju rzepakowego (pomiń, jeśli używasz maszynki do popcornu)*
- *½ szklanki płatków drożdżowych*

1. Popcorn upraż na rozgrzanym oleju w szerokim i głębokim naczyniu, aż zacznie strzelać.
2. Uprażoną kukurydzę wymieszaj dokładnie z płatkami drożdżowymi i potraktuj jako sporadyczną przekąskę. Smacznego!

Farinata
czyli włoski sposób na ciecierzycę

30 min

Fe
żelazo

Może przypominać pizzę, ale to włoski przysmak, którzy przygotowuje się z mąki z ciecierzycy. Uważam, że to naprawdę świetna potrawa, którą warto włączyć do jadłospisu, nawet jeżeli niekoniecznie lubi się rośliny strączkowe. Na wierzch farinaty możesz położyć dosłownie wszystkie swoje ulubione dodatki. Przy okazji to przepis bezglutenowy, więc jako zamiennik pulchnej pizzy – jak znalazł!

Składniki na formę o średnicy 20 cm:

- *1½ szklanki mąki z ciecierzycy*
- *1½–2 szklanki ciepłej wody*
- *3 łyżki oliwy z oliwek*
- *sól, pieprz*

Do podania:

- *oregano, pomidory, cebula, czosnek, oliwki, bazylia*

1. Mąkę z ciecierzycy przesiej do miski i zalej ciepłą wodą. Odstaw na kilka godzin, a najlepiej na całą noc.
2. Następnego dnia dodaj do masy oliwę z oliwek, sól i pieprz. Przelej do formy nasmarowanej olejem roślinnym i połóż na wierzchu swoje ulubione dodatki.
3. Piecz w piekarniku rozgrzanym do 200°C przez około 25 minut, aż placek zacznie się rumienić z wierzchu i po bokach. Farinata gotowa, podawaj ją z dobrej jakości oliwą z oliwek i dużą szczyptą oregano. Smacznego!

Coleslaw z czerwonej kapusty z marchewką i awokado

30 min

Moja ulubiona surówka do każdego obiadu. Bazuje na przepisie na zwykłą surówkę coleslaw z białej kapusty, jednak jest zupełnie inna! Używam czerwonej kapusty i marchewki, a zamiast ciężkiego majonezu biorę awokado – które dostarcza tłuszczu, ale tego zdrowego i pożądanego w diecie. Jeśli chcesz wzbogacić smak surówki, dodaj do niej posiekane orzechy włoskie i suszoną żurawinę – będzie jeszcze pyszniej!

Składniki na 1 sporą miskę:

- *1 mała czerwona kapusta*
- *2 średnie marchewki*
- *3 dojrzałe awokado*
- *1 łyżka soku z cytryny (lub więcej – według upodobań)*
- *sól, pieprz*

Dodatkowo:

- *orzechy włoskie, suszona żurawina, natka pietruszki*

1. Kapustę obierz z zewnętrznych liści i poszatkuj na drobnej szatkownicy lub mandolinie. Przelej wrzątkiem i odłóż do dużej misy.
2. Marchew obierz i pokrój w małe słupki za pomocą mandoliny lub użyj do tego obieraczki typu julienne. Następnie przełóż marchew do misy z kapustą.
3. W małej misce rozgnieć obrane awokado bez pestki z sokiem z cytryny oraz solą i pieprzem. Dip dodaj do kapusty i marchwi i porządnie wymieszaj rękoma.
4. Sałatkę dopraw solą, pieprzem i sokiem z cytryny. Dodaj posiekane orzechy włoskie, suszoną żurawinę i posiekaną natkę pietruszki. Surówka gotowa, smacznego!

Ostre ogórki

30 min

Te ogórki to przystawka, a w zasadzie przekąska, którą pokochałem, jedząc ją w koreańskiej knajpie. Robi się je błyskawicznie, można je długo przechowywać w lodówce, a smakują genialnie i świetnie urozmaicają nudny talerz z fasolą i ryżem!

Składniki na około 2 szklanki:

- *2 świeże ogórki (mogą być gruntowe)*
- *1 łyżeczka płatków ostrej papryki (takiej jak do kimchi)*
- *1 łyżka syropu klonowego*
- *1 łyżka sosu sojowego*
- *1 łyżeczka octu jabłkowego*

1. Ogórki pokrój w grubsze plastry i wymieszaj z resztą składników. Przełóż do słoika (najlepiej większego), gdzie wszystko dobrze się połączy i nabierze aromatu.
2. Podawaj jako dodatek do dań z fasolą i ryżem. Smacznego!

Pory pieczone w musztardzie

30 min

Ten dość zaskakujący przepis powstał, gdy po otwarciu studenckiej lodówki zobaczyłem dwa porzucone pory, resztkę bulionu warzywnego i oczywiście musztardę, bez której żadna lodówka się nie obędzie. Tak narodziły się pory pieczone w musztardzie. Kilkanaście minut później okazało się, że to naprawdę zacne połączenie smaków oraz idealny dodatek do klasycznego obiadu: wegańskiego kotleta i ziemniaków.

Składniki na 2 porcje:

- *2–3 średnie pory, biała i jasnozielona część*
- *2 łyżki dobrej jakości musztardy*
- *kilka łyżek klasycznego bulionu warzywnego (s. 102) lub ewentualnie wody*

1. Pory dokładnie umyj i przekrój wzdłuż na pół. Natrzyj musztardą i przełóż do małej foremki lub po prostu na blachę wyłożoną papierem do pieczenia.
2. Piekarnik rozgrzej do 190°C, włóż do niego pory podlane bulionem warzywnym. Piecz kilkanaście minut, aż zaczną się przypalać, a dodany bulion odparuje. Gotowe, smacznego!

Sałatka bez tuńczyka
czyli moc selera naciowego

30 min Fe żelazo

Gdyby ktoś kiedyś powiedział mi, że zatęsknię za smakiem tuńczyka z puszki, to głośno bym się roześmiał, bo przecież nigdy go nie lubiłem. Jednak tę sałatkę pokochałem, wcale nie kochając tuńczyka! Ten hit amerykańskiego Internetu posmakował nie tylko mnie, ale również moim znajomym. Jeśli nawet nie poczujesz tutaj tuńczykowego smaku, to i tak będzie to jedna z lepszych wegańskich sałatek, która dumnie może stać obok świątecznej sałatki jarzynowej!

Składniki na 1 większą miskę:

- *3 szklanki ugotowanej ciecierzycy*
- *3 łodygi selera naciowego*
- *1 średnia czerwona cebula (lub biała – według preferencji)*
- *4 łyżki wegańskiego sojonezu (s. 77)*
- *½ pęczka świeżego koperku*
- *1 łyżka soku z cytryny lub octu jabłkowego*
- *sól, pieprz*

1. Seler pokrój na małe kawałki, a cebulę posiekaj w kosteczkę. W większej misie wymieszaj posiekane warzywa, ciecierzycę oraz sojonez.
2. Następnie dodaj koperek, pieprz oraz sól i porządnie wymieszaj. Dopraw sokiem z cytryny lub octem i gotowe. Smacznego!

Frytki z cukinii w chrupiącej panierce

30 min

Jak z cukinii wyczarować chrupiące frytki? Mimo że cukinia zawiera sporo wody, jest na to sposób! Gdy na blogu opublikowałem przepis na chrupiące skrzydełka z kalafiora, nikt nie mógł się nadziwić, że kalafior może smakować tak dobrze i być tak chrupiący bez smażenia. Wszystko za sprawą bardzo prostej panierki, którą zrobisz bez problemu dzięki kilku moim wskazówkom. Niemalże tak samo przygotujesz frytki właśnie z cukinii. Najlepiej jeść je z majonezem z awokado (s. 78) lub klasycznym ketchupem dobrej jakości.

Składniki na 1 blachę frytek:

- *1 średnia cukinia*

Ciasto:

- *¾ szklanki mąki z ciecierzycy*
- *½–¾ szklanki wody*
- *2 łyżki płatków drożdżowych*
- *2 łyżki oleju rzepakowego*
- *1 łyżka sosu sojowego*
- *1 łyżeczka czosnku w proszku*
- *1 łyżeczka wędzonej lub ostrej papryki*
- *sól, pieprz*

Panierka:

- *2 szklanki pełnoziarnistych płatków kukurydzianych (najlepiej bez cukru)*
- *ulubione przyprawy*

1. Cukinię przekrój wzdłuż, wydrąż miąższ, którego nie potrzebujemy w tym przepisie – możesz go dorzucić do prostej warzywnej zupy.
2. Połówki cukinii pokrój na podłużne paski, a potem poprzecinaj je na kształt frytek.
3. Mąkę z ciecierzycy, płatki drożdżowe i przyprawy mieszaj w głębokim talerzu z wodą, sosem sojowym oraz olejem, aż do uzyskania gładkiego ciasta, które konsystencją będzie przypominać ciasto naleśnikowe. Dopraw je solą oraz pieprzem i odstaw, aby odrobinę zgęstniało.
4. Płatki kukurydziane zmiażdż wałkiem do ciasta lub drobno zmiel w malakserze. Możesz je dodatkowo doprawić przyprawami.
5. Piekarnik rozgrzej do 200°C. Małe kawałki cukinii najpierw zanurzaj w cieście z ciecierzycy, a następnie obtaczaj w panierce i układaj na blasze wyłożonej papierem do pieczenia.
6. Piecz około 15 minut, aż frytki zaczną się rumienić, i jedz od razu ze swoim ulubionym sosem. Smacznego!

Moja ulubiona kasza gryczana

30 min

żelazo

Nie każdy lubi kaszę gryczaną, a szczególnie jej paloną wersję, która ma swój charakterystyczny smaczek i zapaszek. Ja ją uwielbiam! Często dostaję pytania, w jakiej formie ją przyrządzam i co zrobić, aby w końcu się do niej przekonać. Mam nadzieję, że ten przepis będzie na to odpowiedzią. Oto bardzo łatwy sposób na pyszną, chrupiącą i aromatyczną kaszę – do wszystkiego.

Składniki na całą patelnię kaszy:

- *¾ szklanki suchej kaszy gryczanej*
- *½ szklanki pestek dyni*
- *kilka suszonych pomidorów z zalewy*
- *1 łyżka zalewy z suszonych pomidorów*
- *sól, pieprz*

1. Kaszę ugotuj na półsypko w około 1½ szklanki wody z odrobiną soli.
2. Suszone pomidory wyciągnij ze słoika i pokrój w małą kostkę, a łyżkę zalewy rozgrzej na patelni.
3. Podsmaż na niej pestki dyni oraz pomidory. Następnie dodaj ugotowaną kaszę gryczaną i smaż, aż zacznie się rumienić.
4. Gotowe! Taką kaszę podawaj z burgerami strączkowymi (przepis na burgery wielowarzywne na s. 190) lub pieczonym tofu albo zapakuj ją do lunchboxa!

Spaghetti z cukinii w pomidorowym pesto

30 min

Makaron z cukinii to internetowy hit zarówno za granicą, jak i już w Polsce. Zupełnie się nie dziwię, bo to świetny sposób na surowe warzywa w menu, jednak trzeba też przyznać, że słabo przyrządzony zwyczajnie nie smakuje. Dlatego koniecznie wypróbuj ten przepis, bo robię taki makaron trochę inaczej. Dobrze skomponuje się z klopsikami z tofu (s. 181) lub warzywnymi z ciecierzycy (s. 182), ale będzie równie pyszny jako surówka do zwykłego obiadu.

Składniki na 1–2 porcje:

- *1 cukinia*
- *kilka suszonych pomidorów*
- *1 ząbek czosnku*
- *mały pęczek świeżej bazylii*
- *3 orzechy włoskie*
- *oliwa z oliwek*
- *sól, pieprz*

1. Cukinię zetrzyj na mandolinie albo użyj specjalnej obieraczki spiralnej lub małej ręcznej obieraczki julienne. Cukiniowe paski przełóż na sito i umieść na 2–3 minuty w kąpieli wodnej – uważaj jednak, aby cukinia za bardzo nie zmiękła.
2. Pomidory, obrany czosnek, orzechy i bazylię zmiksuj z oliwą na gładkie pesto. Dopraw solą i pieprzem.
3. Pesto połącz z cukiniowym makaronem, dobrze wymieszaj, dopraw i posyp parmezanem z migdałów i płatków drożdżowych (s. 93). Smacznego!

Dwuosobowe guacamole bez brudnych naczyń

30 min

Uwielbiam awokado za zdrową porcję tłuszczów, jaką zawiera, ale również za maślaną konsystencję i piękny zielony kolor. Często jednak mam z nim problem, gdy przygotuję dużą porcję guacamole – zwyczajnie ciemnieje. Czasem pomaga dodanie soku z cytryny i trzymanie pestki razem z pastą, jednak najlepszym wyjściem jest po prostu... zjedzenie całości od razu. Dlatego właśnie najczęściej przygotowuję je w taki sposób, jak w tym przepisie – szybko i łatwo, a nadal pysznie.

Składniki na 2 porcje:

- *1 dojrzałe awokado (najlepiej odmiana hass)*
- *1 pomidor*
- *½ średniej czerwonej cebuli*
- *sok z ½ cytryny*
- *kilka gałązek świeżej kolendry i mięty*
- *sól, pieprz*

1. Awokado przekrój na pół, usuń pestkę, ale nie obieraj ze skórki. Pomidora i cebulę pokrój w drobną kostkę, a zioła zmiażdż w dłoniach: uwolni to z nich olejki eteryczne.
2. Trzymając owoc w jednej dłoni, drugą za pomocą widelca ugnieć miąższ awokado na gładką pastę, dodaj do niego sok z cytryny, a następnie pomidora, cebulę i zioła. To samo zrób z drugą połówką, a całość dopraw pieprzem i solą.
3. Gotowe guacamole zajadaj widelcem bezpośrednio ze skórki awokado, najlepiej z dobrym pieczywem pełnoziarnistym. Smacznego!

Grillowana sałata z tahini i pestkami dyni

30 min

Ta prosta przystawka aż się prosi o specjalne miejsce w tej książce. Jest banalna w przygotowaniu, bo obejmuje przede wszystkim grillowanie sałaty, a zrobienie sosu jest dziecinnie proste. Taką przekąskę podaj przed obfitszym posiłkiem, będzie świetnym dodatkiem i urozmaiceniem – sałata nie musi się kojarzyć tylko z zimną sałatką lub kanapkami!

Składniki na 2 małe porcje:

- *2 małe sztuki sałaty rzymskiej*
- *½ szklanki tahini*
- *2 łyżeczki soku z cytryny*
- *garść pestek dyni*
- *sól, pieprz*

1. Sałatę porządnie umyj, przekrój wzdłuż na pół, umieść na rozgrzanym grillu i trzymaj nad ogniem lub na płycie grilla elektrycznego, aż liście zaczną się rumienić – wtedy ściągnij ją i przełóż na talerz.
2. Aby przygotować sos, do tahini dodaj sok z cytryny, sól oraz pieprz i odrobinę wody. Porządnie zamieszaj, aby wszystko się połączyło.
3. Sosem sezamowym polej grillowaną sałatę, a całość posyp pestkami dyni i podawaj jako przystawkę lub dodatek do dania głównego. Smacznego!

Krążki cebulowe w płatkach owsianych

30 min

Mój ukochany fast food, czyli krążki cebulowe – z tego przepisu to zdrowy odpowiednik tych klasycznych. Nie smażę, lecz piekę, a zamiast zwykłej panierki używam po prostu płatków owsianych. Krążki możesz dowolnie przyprawić, ja lubię dodać dużą porcję wędzonej papryki i kilka szczypt soli. Takie krążki będą idealnym dodatkiem do roślinnego burgera, sprawdzą się też jako przekąska na wegańskiego grilla.

Składniki na 1 blachę krążków:

- *2 duże cebule*
- *½ szklanki mąki pełnoziarnistej*
- *1 szklanka mielonych płatków owsianych*
- *ulubione przyprawy: wędzona papryka, czosnek, cebula, kumin*
- *1 łyżka oleju rzepakowego*
- *sól, pieprz*

1. W małej misce wymieszaj mąkę z kilkoma łyżkami wody, solą i odrobiną pieprzu, aż do uzyskania konsystencji ciasta naleśnikowego – to będzie jedna część panierki.
2. W osobnej małej misce wymieszaj płatki owsiane ze swoimi ulubionymi przyprawami – to druga część panierki.
3. Cebulę pokrój na grube krążki i maczaj najpierw w jednej, a następnie w drugiej części panierki i odkładaj na blachę posmarowaną odrobiną oleju.
4. Krążki cebulowe piecz w piekarniku rozgrzanym do 200°C, aż będą rumiane i chrupiące. Smacznego!

3 razy chipsy z jarmużu

30 min Ca wapń

Ta popularna przekąska gości już nie tylko na talerzach tych, którzy wybierają zdrowsze odpowiedniki klasycznych chipsów, ale także tych, którzy po prostu chcą porządnie pochrupać! Pyszne chipsy z kapusty podbiły podniebienia wielbicieli seriali, gier planszowych i wszystkich, którzy nie mogą się obejść bez zdrowej przekąski w ciągu dnia. Oprócz klasycznych chipsów przygotuj też wersje niestandardowe – o smaku wasabi lub z porządną dawką słodkiej papryki, a na nowo odkryjesz najzdrowsze chipsy na świecie!

Składniki na 1 blachę chipsów:

- *1 średni pęczek jarmużu*
- *1 łyżeczka oleju rzepakowego*

3 wersje przyprawowe:

klasyczna:

- *sól, pieprz*

wasabi:

- *wasabi w proszku, sól*

paprykowa:

- *słodka papryka, wędzona papryka, pieprz*

1. Jarmuż dokładnie umyj i osusz, a następnie od grubych łodyg poodrywaj liście. Porwij je na mniejsze kawałki – wielkości pojedynczych chipsów. Pamiętaj jednak, że zmniejszą swoją objętość po upieczeniu.
2. W jednej dużej misie wymieszaj przygotowane kawałki jarmużu z olejem. Następnie podziel je na 3 części, a każdą z nich dopraw inną mieszanką przyprawową.
3. Piekarnik nagrzej do 130°C, a dużą blachę wyłóż papierem do pieczenia. Układając kawałki jarmużu, pamiętaj, aby były równomiernie rozłożone i się nie stykały – muszą mieć wystarczająco dużo miejsca, aby wysuszyć się w całości.
4. Chipsy piecz w piekarniku około 8 minut, aż będą chrupiące, ale uważaj, by nie zaczęły się przypalać i ciemnieć. Gdy ostygną – chrup od razu lub podawaj z dobrym hummusem (s. 122). Smacznego!

Obiady

Kukurydziany krem z maślanką sojową

30 min

Gdy idę na pobliski targ w sezonie, w którym króluje kukurydza, nie wyobrażam sobie nie wziąć kilku kolb do torby. Powstaje z nich najczęściej właśnie ta zupa krem, którą doprawiam maślanką sojową (s. 73). To świetna zupa na lato i dla każdego fana kukurydzy.

Składniki na około 4 porcje:

- *1½ litra bulionu kukurydzianego (s. 105)*
- *2–3 szklanki świeżych ziaren kukurydzy z kolby*
- *2 większe ziemniaki*
- *¾ szklanki maślanki sojowej (s. 73)*
- *1 łyżka oleju rzepakowego*
- *chili, sól, pieprz*

Do podania:

- *popcorn, kolendra*

1. W średnim garnku o grubym dnie podsmaż na rozgrzanym oleju ziarna kukurydzy, dodaj do nich obrane i pokrojone w kostkę ziemniaki i zalej bulionem. Gotuj, aż ziemniaki będą miękkie.
2. Zdejmij zupę z ognia, porządnie zblenduj i dopraw przyprawami oraz maślanką sojową. Podawaj z popcornem i świeżą kolendrą. Smacznego!

Prosty domowy ramen dla każdego czyli japoński przysmak w Twoim domu

Mody gastronomiczne zmieniają się jak te odzieżowe. Mieliśmy już na tapecie sushi, burgery, porządne zapiekanki i fit-eko-zielone koktajle. Wraz z modą na Japonię nadeszła chwila świetności ramenu, który jest tamtejszym przysmakiem numer jeden od tysięcy lat – jada się go zarówno przez zakrapianą imprezą, jak i o poranku dzień później, ale też po prostu jako sycący i rozgrzewający obiad. Bulion, będący podstawą tej zupy, bazuje na dużej ilości mięsa, lecz wegańska wersja nie ustępuje smakiem tradycyjnej. Gdy przygotowywałem ten przepis, zależało mi na maksymalnym ograniczeniu trudno dostępnych składników, nie obędzie się jednak bez wizyty w dobrych delikatesach, sklepie azjatyckim lub sklepie z produktami kuchni świata. Uwierz – naprawdę warto!

Składniki na 2–3 porcje:

- *½ szklanki małych suszonych grzybów shitake lub 4 sztuki świeżych**
- *1½ litra wody lub klasycznego bulionu warzywnego*
- *1 liść glonów nori*
- *2 ząbki czosnku*
- *kawałek pora*
- *½ średniego korzenia selera*
- *1 marchewka*
- *2 łyżki pasty miso*
- *1 łyżka oleju kokosowego*
- *1 łyżeczka soli*

Do podania:

- *makaron typu ramen, grzyby shitake, smażone tofu, bok choy, kiełki fasoli mung, glony nori, cebula dymka*

1. Suszone grzyby shitake zalej wrzątkiem i odstaw na kilka godzin.
2. W garnku o grubym dnie rozgrzej olej kokosowy i podsmaż na nim posiekanego pora oraz pokrojone w kostkę marchew i selera, aż się zeszklą. W trakcie smażenia dodaj również czosnek przeciśnięty przez praskę lub starty na drobnej tarce.
3. Następnie do garnka przelej grzyby wraz z wodą z moczenia. Całość zalej wodą lub bulionem warzywnym i dodaj sól. Gotuj przez 2–3 godziny, do trzech, aż bulion lekko ściemnieje i się zredukuje. Pod koniec dodaj pastę miso i dokładnie wymieszaj.
4. Gotowy wywar przelej przez sito. Przygotuj makaron oraz dodatki.
5. Ugotowany makaron zalej bulionem i ułóż na nim dodatki. Smacznego!

* Jeśli używasz świeżych grzybów shitake, zaraz po zakupie oczyść je i włóż do zamrażalnika na całą noc – nabiorą wtedy mocy i łatwiej będzie pozyskać z nich charakterystyczny smak umami.

Moja studencka ogórkowa

30 min

To zupa, dzięki której przetrwałem ciężkie studenckie okołosesyjne czasy. Karmiłem nią również głodnych znajomych i nie obeszło się bez dokładek. Prosta, ale pyszna zupa to podstawa w zimne dni i wieczory. Na obiad jak znalazł, a na kolację jeszcze lepsza!

Składniki na około 4 porcje:

- *2 litry klasycznego bulionu warzywnego (s. 102)*
- *4 średnie ziemniaki*
- *1 marchewka starta na grubych oczkach*
- *2 szklanki startych ogórków kiszonych (lub podobna ilość gotowego przecieru)*
- *1 łyżka sosu sojowego*
- *sól, pieprz*

Dodatkowo:

- *ugotowany ryż pełnoziarnisty, biała fasola*

1. Do gotującego się bulionu warzywnego dodaj obrane i pokrojone ziemniaki oraz marchewkę. Gotuj, aż ziemniaki będą miękkie.
2. Kolejno dodaj do zupy kiszone ogórki i sos sojowy oraz dopraw całość solą i pieprzem.
3. Dodatkowo do zupy możesz dorzucić ugotowany pełnoziarnisty ryż i białą fasolę – będzie wtedy pełnowartościowym posiłkiem. Smacznego!

Falafelowe gofry
czyli klasyka w niestandardowym wydaniu

Fe żelazo

Uwielbiam eksperymenty kulinarne, które łączą klasykę kuchni świata z naszym życiem codziennym i jego wyzwaniami. Myślę, że wegańska książka kucharska nie może obejść się bez przepisu na klasyczne falafele, jednak w mojej wersji robię je zdecydowanie szybciej – i nie smażę ich w głębokim tłuszczu! Falafel z gofrownicy? A czemu nie!

Składniki na około 5 gofrów:

- *1 szklanka suchej ciecierzycy*
- *2 łyżki mąki z ciecierzycy lub pszennej (opcjonalnie)*
- *1–2 ząbki czosnku*
- *1 pęczek świeżej kolendry lub natki pietruszki*
- *2 łyżeczki soku z cytryny*
- *2 łyżeczki kuminu*
- *½ łyżeczki cynamonu*
- *1 łyżeczka mielonej kolendry*
- *1 łyżeczka soli*
- *odrobina pieprzu*
- *olej roślinny do natarcia gofrownicy*
- *1 łyżeczka sody oczyszczonej*

1. Ciecierzycę mocz przez całą noc w wodzie z 1 łyżeczką sody oczyszczonej. Rano ją odcedź i bez gotowania porządnie zmiksuj w blenderze z ostrzami typu S lub przepuść przez maszynkę do mielenia mięsa i przełóż do większej miski.
2. Do masy dodaj przeciśnięty przez praskę czosnek, mąkę z ciecierzycy, wszystkie przyprawy oraz drobno posiekaną kolendrę. Pod koniec dodaj sok z cytryny dla zbalansowania smaków.
3. Masę odstaw na kilkanaście minut, aż będzie się ładnie kleić w rękach.
4. W zwilżonych dłoniach formuj z masy średniej wielkości kulki (około 5 sztuk). Każdą z nich kładź na wcześniej rozgrzaną i nasmarowaną olejem powierzchnię gofrownicy, a potem spłaszczaj, zamykając pokrywę. Gofry smaż około 10 minut, w zależności od mocy Twojego sprzętu.
5. Gotowe gofry odkładaj na ręczniki kuchenne i podawaj z dużą porcją surówki, np. coleslaw z czerwonej kapusty (s. 140), i sosem tahini. Smacznego!

Gołąbki z pieczarkami i zieloną soczewicą

Fe żelazo

Prosty klasyczny przepis, a w wegańskiej wersji – moje ulubione gołąbki z pieczarkami i zieloną soczewicą. Koniecznie z dobrym pomidorowym sosem (s. 106)! To świetna propozycja dla tych, którzy lubią przygotowywać obiady na kilka dni – takie gołąbki odgrzane kolejnego dnia smakują przecież jeszcze lepiej!

Składniki na około 10 średnich gołąbków:

- *kilkanaście liści kapusty białej lub włoskiej*
- *500 g pieczarek*
- *¾ szklanki suchej zielonej soczewicy*
- *½ szklanki ryżu pełnoziarnistego*
- *1 łyżka oleju rzepakowego*
- *1 mała cebula*
- *2 ząbki czosnku*
- *1 łyżka siemienia lnianego*
- *1 łyżeczka cząbru*
- *½ łyżeczki majeranku*
- *sól, pieprz*

1. Na rozgrzanej patelni z olejem roślinnym podsmażaj posiekaną drobno cebulkę, przeciśnięty przez praskę czosnek oraz umyte i pokrojone wcześniej pieczarki, aż wszystko ładnie się zeszkli, a pieczarki zmniejszą objętość.
2. Ryż oraz soczewicę ugotuj *al dente*.
3. W dużej misie wymieszaj wszystkie składniki: podsmażone pieczarki, ryż oraz zieloną soczewicę i dodaj siemię lniane oraz przyprawy. Farsz ugniataj rękoma, aż składniki dobrze się połączą.
4. Na liście kapusty nakładaj porcje farszu i zwijaj je, formując średniej wielkości gołąbki. Następnie układaj je w naczyniu żaroodpornym nasmarowanym odrobiną oleju.
5. Gołąbki piecz w piekarniku rozgrzanym do 200°C przez około 30 minut, aż kapusta zmięknie i farsz zacznie pięknie pachnieć. Gotowe gołąbki odstaw do ostudzenia, a potem podawaj je z sosem pomidorowym (s. 106). Smacznego!

Curry z kalafiora i cukinii

To moje ukochane sezonowe danie jednogarnkowe. Łączy wszystko, co najlepsze w sezonie wiosenno-letnim, z lekką egzotyką w postaci domowej pasty curry. Świetne do zabrania ze sobą do pracy w lunchboxie, bo razem z ryżem pełnoziarnistym tworzy zbilansowany posiłek. Warto włączyć to danie do swojego menu!

Składniki na 3–4 porcje:

- *1 mały kalafior pokrojony na różyczki*
- *1 większa cukinia*
- *½ szklanki orzechów nerkowca*
- *1 szklanka mleka kokosowego*
- *1 łyżka oleju rzepakowego*

Pasta:

- *1 cebula*
- *1 mała papryczka chili bez pestek*
- *mały kawałek imbiru wielkości kciuka*
- *½ laski trawy cytrynowej (opcjonalnie)*
- *1 łyżeczka brązowego cukru*
- *1 łyżeczka mielonego kuminu*
- *½ łyżeczki mielonej kolendry*
- *¼ łyżeczki kurkumy*
- *szczypta soli*

Do podania:

- *ryż pełnoziarnisty, chili, natka kolendry*

1. Składniki na pastę zmiksuj w blenderze. Przełóż na patelnię i smaż na rozgrzanym oleju przez kilka minut. Dodaj kalafiora. Gdy odrobinę zmięknie, dodaj pokrojoną na małe kawałki cukinię.
2. Wszystko duś kilkanaście minut, aż warzywa będą miękkie. W tym czasie możesz ugotować ryż.
3. Do miękkich warzyw dodaj mleko kokosowe i nerkowce. Wszystko porządnie wymieszaj i podawaj w głębokim talerzu z porcją ryżu, natką kolendry i chili. Smacznego!

Espinacas con garbanzos
czyli szpinak z ciecierzycą w pomidorach

30 min

Fe
żelazo

Moja ukochana ciecierzyca w tym przepisie spotyka się ze szpinakiem, czosnkiem i pomidorami, tworząc niezwykle pyszny i aromatyczny zespół. To bardzo pożywne danie, które razem z pełnoziarnistym ryżem i kawałkami surowej papryki idealnie nada się na lunch do pracy. Możesz od razu przygotować większą porcję, na wypadek gdyby połowa zniknęła już podczas gotowania!

Składniki na około 4 porcje:

- *2 szklanki ugotowanej ciecierzycy*
- *kilka garści świeżego lub 1 szklanka mrożonego szpinaku*
- *6 sporych świeżych pomidorów lub 2 puszki krojonych*
- *2 ząbki czosnku*
- *2 łyżki oliwy z oliwek*
- *kumin*
- *wędzona papryka*
- *sól, pieprz*

1. Na patelni rozgrzej oliwę z oliwek i lekko podsmaż na niej czosnek, następnie dodaj szpinak oraz ciecierzycę. Smaż na średnim ogniu około 5 minut, aż szpinak zmniejszy objętość, a ciecierzyca się zeszkli.
2. Następnie dodaj pomidory i całość duś około 10–15 minut, aż część płynu odparuje. Na koniec dopraw danie kuminem, wędzoną papryką i niewielką ilością soli oraz pieprzu. Smacznego!

Pomidorowy sos z czerwoną soczewicą z pełnoziarnistym makaronem i rukolą

Fe
żelazo

To mój ukochany przepis i przykład idealnie zbilansowanego, wegetariańskiego posiłku. Pełnoziarnisty makaron w połączeniu z czerwoną soczewicą zapewnia uzupełnienie profilu aminokwasów i uzyskanie białka pełnowartościowego – a w pełni roślinnego, na którego brak tak wszyscy narzekają. Bogactwo likopenu z pomidorów, aromaty cebuli i czosnku, zdrowe kwasy tłuszczowe oliwy z oliwek i lekkość rukoli tworzą perfekcyjne danie. Jeśli dorzucisz do niego małą surówkę z czerwonej papryki i kiełków – zwiększysz przyswajalność żelaza, co sprawi, że to danie nie będzie miało sobie równych!

Składniki na około 2–3 porcje:

- *½ szklanki suchej czerwonej soczewicy*
- *1–2 puszki pomidorów (w sezonie około 3 szklanek świeżych pomidorów pokrojonych w kostkę)*
- *1 cebula*
- *2 ząbki czosnku*
- *1 łyżka oliwy z oliwek*
- *kilka sztuk suszonych pomidorów z puszki (bez zalewy)*
- *1–2 łyżeczki oregano*
- *1 łyżeczka wędzonej papryki*
- *2 porcje pełnoziarnistego makaronu spaghetti*
- *2–3 garście rukoli*
- *odrobina soku z cytryny*
- *sól, pieprz*

1. Soczewicę mocz przez kilkanaście minut w wodzie – mimo że nie jest to konieczne, warto to zrobić dla pozbycia się związków antyodżywczych zawartych w nasionach roślin strączkowych. Odsącz soczewicę, przepłucz ją świeżą wodą i gotuj przez kilka minut, aż będzie miękka, ale nie będzie się rozpadać.
2. Na patelni lekko rozgrzej oliwę i podsmaż posiekaną cebulkę oraz przeciśnięty przez praskę czosnek. Następnie dodaj soczewicę i duś wszystko na wolnym ogniu, aż soczewica lekko się zarumieni.
3. Dodaj pokrojone pomidory, wędzoną paprykę oraz przyprawy i potrzymaj jeszcze kilka minut na małym ogniu, aż całość zgęstnieje.
4. W tym czasie ugotuj makaron zgodnie z instrukcją na opakowaniu i przygotuj rukolę, skrapiając ją odrobiną soku z cytryny.
5. Gdy makaron będzie gotowy, na talerz nałóż garść rukoli, makaron wymieszany z sosem, a wszystko oprósz orzechowym parmezanem (s. 93). *Bon appétit!*

Ekspresowe klopsiki z wędzonego tofu

Czasem zdarza się, że za kilkanaście minut mają przyjść niezapowiedziani znajomi, a lodówka – lub Twoja głowa – świeci pustkami. Ja wtedy ratuję się awaryjnymi klopsikami z tofu, które niemalże zawsze mam w spiżarni. Klopsiki możesz upiec albo – jeszcze szybciej – usmażyć. Jedno jest pewne: w połączeniu ze świeżą surówką lub sałatką i odrobiną kaszy będą świetnym posiłkiem dla wygłodniałych gości i pretekstem do rozmowy – „Jak to, tutaj nie ma mięsa?!".

Składniki na około 10 średnich klopsików:

- *1 kostka wędzonego tofu (200 g)*
- *1 łyżka mielonego siemienia lnianego lub 2 łyżki mielonych płatków owsianych*
- *1 łyżeczka dowolnego miksu przypraw (papryka, czosnek, kumin, oregano)*
- *1 łyżka oleju rzepakowego + odrobina oleju do smażenia*

1. Tofu zetrzyj na grubych oczkach tarki i przełóż do miski, a następnie wymieszaj z siemieniem lnianym lub płatkami owsianymi i przyprawami.
2. Jeżeli zamierzasz piec klopsiki, dodaj do masy również olej.
3. Klopsiki formuj zwilżonymi wodą dłońmi, układaj na blasze do pieczenia i piecz w piekarniku rozgrzanym do 200°C, aż będą rumiane i chrupiące z wierzchu.
4. Tofuklopsy możesz też smażyć przez kilka minut na patelni na rozgrzanym oleju, ale pamiętaj, aby przed podaniem odsączyć je z tłuszczu na ręczniku papierowym. Smacznego!

Klopsiki warzywne z ciecierzycy jak ze szwedzkiego bufetu

Warzywa da się przemycić do jadłospisu na wiele sposobów. Można zacząć jeść je z porcją hummusu albo robić z nich chipsy. Jednak moim ulubionym daniem są po prostu warzywne klopsiki. Te bazują na mące z ciecierzycy, która pochłonie wszystko, co tylko do niej wrzucisz. Podrzucam pomysł na takie, które są bardzo podobne do tych ze szwedzkiego bufetu. Możesz je upiec, kiedy tylko chcesz, bo wszystkie składniki możesz trzymać w szafce w kuchni przez długi czas.

Składniki na około 10 klopsików:

- *1 szklanka mąki z ciecierzycy*
- *1 czerwona papryka*
- *1 szklanka kukurydzy konserwowej (w sezonie z kolby)*
- *1 szklanka mrożonego zielonego groszku*
- *1 łyżeczka przyprawy curry*
- *2 łyżki płatków drożdżowych*
- *2 łyżki sosu sojowego*
- *2 łyżki oleju rzepakowego*
- *woda*
- *sól, pieprz*

1. Mąkę z ciecierzycy przesiej przez sito do dużej miski, dodaj przyprawy i wymieszaj. Paprykę pokrój w małą kostkę, a kukurydzę i groszek przelej ciepłą wodą.
2. Do miski dodaj ½ szklanki letniej wody oraz wszystkie warzywa, sos sojowy i olej. Wymieszaj do połączenia składników i dodaj większą porcję wody, aż powstanie klejąca się masa. Odstaw na kilkanaście minut.
3. Masa na klopsiki powinna być gęsta, jednak nie może być zbyt sucha – ma bez problemu dać się formować. Zwilżonymi dłońmi formuj kulki i układaj je na blasze wyłożonej papierem do pieczenia.
4. Klopsiki włóż do piekarnika rozgrzanego do 190°C i piecz około 30 minut, aż będą chrupiące i rumiane. Smacznego!

Mielone z pieczarek

30 min

Jeśli już jakiś czas gotujesz w pełni roślinnie, pewnie widzisz, że czasem brakuje Ci w kuchni czegoś, co zastępowałoby mięso mielone. Najczęściej zamiast niego używa się suchego granulatu sojowego. Jednak od kiedy na blogu opublikowałem przepis na „mielone tofu", eksperymentuję z zupełnie nowymi pomysłami. Tak właśnie powstały mielone z pieczarek – aromatyczne i soczyste. Sprawdzą się świetnie w spaghetti bolognese lub w postaci kebaba w picie z warzywami. Uwaga: uzależniają!

Składniki na około 2 porcje:

- *500 g pieczarek*
- *1 mała biała cebula*
- *1 łyżka oleju rzepakowego*
- *1 łyżeczka wędzonej papryki*
- *1 łyżeczka czosnku w proszku*
- *½ łyżeczki cząbru*
- *½ łyżeczki majeranku*
- *2 łyżki płatków drożdżowych (opcjonalnie)*
- *sól, pieprz*

1. Pieczarki dokładnie umyj pod bieżącą wodą i zetrzyj na grubych oczkach tarki.
2. Na patelni rozgrzej olej i podsmaż na nim posiekaną drobno cebulkę, aż się zeszkli. Następnie dorzuć pieczarki i poczekaj, aż puszczą wodę.
3. Trzymaj je na dużym ogniu i czekaj, aż cała woda odparuje, a pieczarki zaczną skwierczeć.
4. Dodaj przyprawy oraz płatki drożdżowe i całość dokładnie wymieszaj. Jeżeli pieczarki są już wystarczająco suche i podsmażone, możesz używać ich do kolejnych przepisów.
5. Jeżeli masz czas i ochotę, tak przygotowane mielone z pieczarek możesz włożyć jeszcze na kilkanaście minut do rozgrzanego do 180°C piekarnika, aby się podpiekły i były chrupiące. Smacznego!

Zamiast używania przypraw jednorodnych możesz wykorzystać gotowe mieszanki przyprawowe dostępne powszechnie w sklepach – nawet te przeznaczone do mięs bazują na czysto roślinnych składnikach. Bo tak naprawdę to właśnie przyprawy nadają mięsu smak, jaki z nim kojarzymy. Staraj się wybierać mieszanki bez dodatkowych aromatów oraz wzmacniaczy smaku. Pamiętaj również, że takie gotowe miksy zawierają sporą ilość soli, więc tę dodatkową należy wtedy pominąć. Do tego przepisu świetnie sprawdza się mieszanka „do mięsa mielonego" oraz „zioła toskańskie".

Tempeh BBQ

Jeśli lubisz aromatyczne, wędzone potrawy – ten przepis jest dla Ciebie. Porządna porcja tempehu w genialnym sosie barbecue bazującym na suszonych śliwkach to uczta dla podniebienia. Tempeh możesz zgrillować, usmażyć lub upiec – to zależy od Ciebie. Jeśli przygotujesz większą porcję sosu, możesz przechowywać go w szczelnie zamkniętym słoiku w lodówce nawet kilka tygodni.

Składniki na 2–3 porcje:

- *1 szklanka suszonych śliwek*
- *2 szklanki przecieru pomidorowego*
- *1 mała cebula*
- *2 suszone pomidory*
- *2 łyżki syropu klonowego*
- *2 łyżki sosu sojowego*
- *1 łyżka octu balsamicznego*
- *1 łyżeczka wędzonej papryki*
- *1 łyżka oleju rzepakowego*
- *sól, pieprz*
- *spory (400 g) kawałek tempehu (naturalnego lub wędzonego)*
- *1 cebula dymka*

1. W głębszym rondlu podsmaż na rozgrzanym oleju posiekaną cebulę, dodaj ocet balsamiczny i potrzymaj chwilę na mniejszym ogniu.
2. Dodaj przecier pomidorowy, syrop klonowy, sos sojowy i posiekane suszone pomidory. Gotuj około 10 minut, aż sos odrobinę zgęstnieje.
3. Kolejno dodaj suszone śliwki i cały sos zmiksuj na gładko ręcznym blenderem. Dorzuć wędzoną paprykę i dopraw do smaku solą oraz pieprzem. Gotowe!
4. Tempeh marynuj we wcześniej przygotowanym sosie przez kilka godzin, a po tym czasie piecz go w piekarniku rozgrzanym do 200°C przez kilkanaście minut lub podsmażaj kilka minut na patelni. Podawaj z posiekaną dymką. Smacznego!

Paluszki bezrybne

30 min

Zawsze gdy podaję „bezrybę" w takiej postaci, goście są zaskoczeni. Po pierwsze teksturą, która przypomina chudy filet, po drugie smakiem – rybnym, a po trzecie, że to jest zwyczajnie bardzo smaczne! Wszystko zawdzięczam połączeniu korzenia selera oraz glonów nori – to one zamieniają ten warzywny przysmak w bezrybne filety.

Składniki na około 10 paluszków:

- *½ większego korzenia selera*
- *2 arkusze glonów nori*
- *1 łyżka domowej przyprawy uniwersalnej (s. 89)*
- *kilka łyżek mąki pszennej*
- *ulubiona panierka: płatki kukurydziane, płatki owsiane lub bułka tarta*
- *olej do smażenia*
- *sól, pieprz*

1. Seler pokrój na grube plastry i gotuj w wodzie z przyprawą uniwersalną, aż będzie miękki. Następnie pokrój go na mniejsze kawałki, przypominające wielkością klasyczne paluszki rybne.
2. Obtocz paluszki w kawałkach glonów nori, a następnie kolejno w mące rozmieszanej z odrobiną wody oraz w rozgniecionych płatkach kukurydzianych, mielonych płatkach owsianych lub bułce tartej.
3. Opanierowane paluszki smaż na złoto na rozgrzanej patelni. Gotowe!

Burgery wielowarzywne

Fe
żelazo

Wegańskie kotlety i burgery to jedne z pierwszych dań przygotowywanych przez początkujących roślinożerców. Myślę, że wynaleziono już tysiące wariantów tych przysmaków, które można włożyć pomiędzy połówki bułki razem z warzywami i sosami. Jednak burgery z tego przepisu to burgery uniwersalne – z kilku warzyw i o sprawdzonym smaku. Nie mogą się nie udać!

Składniki na około 10 burgerów:

- *2 marchewki*
- *1 cukinia*
- *1 mały burak*
- *1 cebula*
- *½ szklanki kaszy jaglanej*
- *1 szklanka ugotowanej czarnej fasoli (ewentualnie czerwonej)*
- *½ szklanki mielonych ziaren słonecznika*
- *½ szklanki mielonych płatków owsianych (opcjonalnie)*
- *2 łyżki posiekanej natki pietruszki*
- *1 łyżeczka wędzonej papryki*
- *1 łyżeczka mielonego kuminu*
- *1 łyżka sosu sojowego*
- *3 łyżki oleju*
- *sól, pieprz*

1. Warzywa obierz i zetrzyj na małych oczkach tarki. Smaż je na rozgrzanym oleju w większym garnku przez kilkanaście minut, aż zmiękną i zmniejszą swoją objętość.
2. Kaszę jaglaną ugotuj, czarną fasolę zmiksuj na pastę. Resztę składników dodaj do garnka z poprzednio odparowanymi warzywami i dokładnie wymieszaj. Masa powinna być gęsta, ale wilgotna. Gdyby okazało się, że warzywa zawierały wyjątkowo dużo wody – dodaj płatki owsiane, które zwiążą masę.
3. Formuj burgery, pamiętając o zwilżaniu dłoni – to zapobiegnie klejeniu się masy do rąk. Uformowane burgery przekładaj na blachę wyłożoną papierem do pieczenia.
4. Burgery wstaw do piekarnika rozgrzanego do 190°C i piecz około 35 minut, w połowie czasu pieczenia obróć je delikatnie szpatułką.
5. Burgery będą gotowe, gdy bez problemu odejdą od papieru do pieczenia, a ich wierzch się zrumieni. Smacznego!

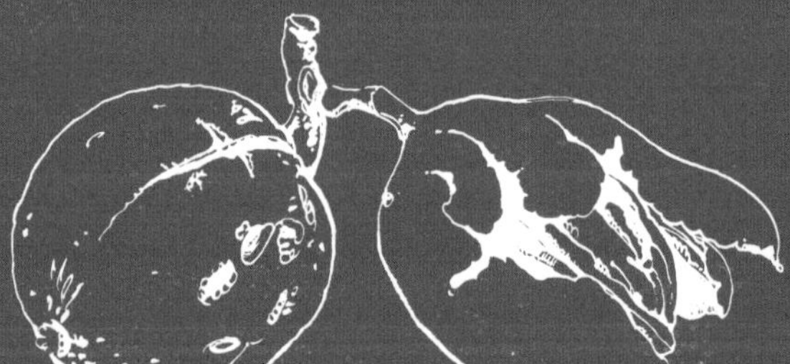

Słodkie

Prosty biszkopt bez jajek z mąką pełnoziarnistą

Gdyby moja babcia dowiedziała się, że piekę biszkopt bez jajek, a używam do niego również mąki pełnoziarnistej, złapałaby się za głowę. Ale tak, to możliwe i jak najbardziej wykonalne. Puszyste i wilgotne ciasto biszkoptowe można uzyskać na wiele sposobów, zarówno prostych, jak właśnie w tym przepisie, jak i bardziej zaawansowanych – na przykład używając ubitej na sztywną pianę wody z gotowania ciecierzycy. Tutaj podrzucam ci najłatwiejszy i sprawdzony sposób na puszysty biszkopt, z którego zrobisz wysoki tort biszkoptowy z kremem!

Składniki na tortownicę o średnicy 22–26 cm:

- *1 szklanka mąki pełnoziarnistej 1850*
- *1 szklanka mąki tortowej 450*
- *½–¾ szklanki cukru lub jego zamiennika (ksylitolu, erytrolu lub ich mieszanki)*
- *2 łyżeczki proszku do pieczenia*
- *1 łyżeczka sody oczyszczonej*
- *½ łyżeczki ekstraktu waniliowego lub miąższu wanilii*
- *szczypta soli*
- *1½ szklanki mleka sojowego*
- *2 łyżeczki soku z cytryny lub octu jabłkowego*
- *¼ szklanki oleju rzepakowego*

1. W mniejszej misce wymieszaj wszystkie mokre składniki i odstaw na kilka minut.
2. Do dużej miski przesiej przez drobne sito oba rodzaje mąki i porządnie wymieszaj je trzepaczką z cukrem i resztą suchych składników.
3. Składniki mokre wlej do suchych i szybko wymieszaj. Masę przelej do tortownicy wyłożonej papierem do pieczenia i piecz w piekarniku rozgrzanym do 180°C około 30–40 minut, aż wykałaczka włożona w środek ciasta będzie sucha po wyciągnięciu.
4. Biszkopt odstaw do ostygnięcia i dopiero wtedy krój na blaty. Podawaj klasycznie z kokosową bitą śmietanką, wcześniej nasączając ciasto zaparzoną herbatą – po złożeniu dwóch blatów biszkopta to będzie na pewno pyszny i efektowny tort!

Snikers w słoiku
czyli mój ulubiony budyń jaglany

Fe żelazo Ca wapń

Najpopularniejszy przepis z bloga, tym razem w wersji słoikowej – łatwiejszej nie tylko w przygotowaniu, ale też w transporcie, gdy chcesz zabrać go do pracy lub na uczelnię. Chrupiące orzechy, kremowa kasza jaglana i karmel z daktyli – połączenie idealne!

Składniki na około 4 średnie słoiki:

Spód:

- *1 szklanka migdałów*
- *1 łyżka kakao*
- *szczypta soli*

Masa jaglana:

- *¾ szklanki suchej kaszy jaglanej*
- *½ szklanki mleka sojowego*
- *około 5 łyżek syropu z agawy (lub klonowego)*
- *sok z cytryny*

Solony karmel z orzechami:

- *½ szklanki kremu daktylowego z masłem orzechowym (s. 85)*
- *kilka szczypt soli*
- *orzechy laskowe lub inne do dekoracji*

1. Migdały zmiel w młynku i dokładnie wymieszaj z kakao z dodatkiem soli. Podziel na równe części, sypiąc na dno słoików jednakową ilość.
2. Kaszę jaglaną ugotuj w 1½ szklanki wody, następnie zmiksuj i dodaj mleko sojowe, syrop z agawy i sok z cytryny do smaku. Jeżeli wolisz rzadszą kaszę – dodaj więcej mleka sojowego, pamiętając, że kasza zgęstnieje, gdy ostygnie. Masę jaglaną rozlej równo do słoiczków.
3. Krem daktylowy połącz z solą i przełóż po porcji do każdego słoiczka. Snikersy posyp posiekanymi orzechami laskowymi. Smacznego!

Czekoladowe ciastka z fasoli z odrobiną pikanterii

30 min | Fe żelazo

Ciastka z fasoli to jeden z popularniejszych przepisów na blogu. Nic dziwnego, bo są proste w przygotowaniu, nie potrzeba do nich wielu składników, a naprawdę zadziwiają smakiem i konsystencją. Kto by pomyślał, że słodycze z nasion roślin strączkowych mogą być takie super? Od teraz możesz jeść ciastka bez wyrzutów sumienia! W tym przepisie przygotujesz je z odrobiną chili, które nada im dodatkową moc. Jestem pewien, że wszyscy znajomi będą pytać o sekret wyjątkowego smaku tych ciastek!

Składniki na około 10 ciasteczek:

- *1½ szklanki ugotowanej czarnej lub czerwonej fasoli*
- *4 łyżki syropu klonowego lub z daktyli*
- *3 łyżki oleju rzepakowego*
- *2 łyżki mielonego siemienia lnianego*
- *2 łyżki kakao*
- *2 łyżki mąki pełnoziarnistej*
- *1 łyżeczka proszku do pieczenia*
- *2 łyżeczki mielonej ostrej papryczki chili**
- *szczypta soli*

1. Wszystkie składniki zblenduj i nie przejmuj się pojedynczymi grudkami fasoli – są nawet wskazane.
2. Piekarnik rozgrzej do 180°C. Na blachę wyłożoną papierem do pieczenia nałóż łyżką około 10 równych porcji ciasta fasolowego, a następnie rozsmaruj je, tworząc okrągłe ciastka.
3. Piecz około 20 minut. Wyjmij, pozostaw do ostygnięcia. Ciastka będą kruche, dlatego podważaj je łopatką, ściągając z papieru do pieczenia. Gotowe! Ciacha smakują wyśmienicie ze szklanką ciepłego mleka migdałowego lub gorzką czekoladą.

* Ostra papryczka chili w wersji mielonej to coś zupełnie innego niż ostra papryka znana Ci jako popularna przyprawa. Jeśli masz problem z jej znalezieniem, użyj płatków chili lub po prostu pieprzu cayenne, uważaj jednak, aby nie przesadzić z ich ilością. Innym wyjściem jest zamrożenie świeżej papryki chili, a następnie starcie jej na małych oczkach tarki.

Łatwe ciastka owsiane w studenckim stylu

30 min

Te ciastka zrobi każdy student, który w swojej akademickiej spiżarni posiada dwa składniki: banany i płatki owsiane. Zamiast gotować nudną owsiankę, upiecz pyszne ciastka owsiane z dodatkami, jakie masz pod ręką. Mogą być to daktyle, żurawina, a nawet kandyzowany ananas, jeśli akurat jesteś przy forsie!

Składniki na około 10–12 ciastek:

- *¾ szklanki płatków owsianych (opcjonalnie więcej)*
- *1 banan*
- *mała garść suszonych daktyli*
- *garść suszonej żurawiny*
- *1–2 łyżki oleju*
- *cynamon, kardamon, wanilia (opcjonalnie)*
- *szczypta soli*

1. Banana zmiksuj blenderem na gładką masę, dodaj do niego olej oraz szczyptę soli i pozostałe przyprawy.
2. Dodaj płatki owsiane oraz bakalie. Jeżeli masa jest zbyt rzadka, dodaj więcej płatków owsianych. Odstaw na mniej więcej 10 minut, aż płatki wchłoną nadmiar wody.
3. Z masy formuj kulki, następnie spłaszczaj je na blasze wyłożonej papierem do pieczenia. Piecz w piekarniku rozgrzanym do 180°C około 15 minut, aż ciacha będą rumiane. Smacznego!

Pełnoziarniste ciasto marchewkowe

Jakie powinno być idealne ciasto? Miękkie i wilgotne w środku, słodkie, ale też aromatyczne, a najlepiej, jeśli przemycisz w nim również trochę warzyw. Takie właśnie jest to ciasto. Znajomi testowali je na niejednej imprezie – sprawdziło się nawet jako śniadanie dzień po! Nie ma lepszej rekomendacji, więc bierz się za marchewkę i piecz!

Składniki na formę o średnicy 24 cm:

- *2 szklanki mąki pszennej pełnoziarnistej*
- *2–2½ szklanki marchewki startej na grubych oczkach*
- *¾ szklanki cukru lub ksylitolu (ja robię pół na pół)*
- *½ szklanki łagodnego oleju (np. rzepakowego, ryżowego)*
- *1 szklanka mleka sojowego (najlepiej niesłodzonego)*
- *3 łyżki mielonego siemienia lnianego*
- *1 łyżeczka sody oczyszczonej*
- *2 łyżeczki cynamonu*
- *1½ łyżeczki imbiru*
- *½ łyżeczki gałki muszkatołowej*
- *½ łyżeczki kardamonu*
- *½ łyżeczki soli*
- *szczypta pieprzu*

Dodatkowo:

- *słodki krem z nerkowców (s. 86), orzechy i przyprawy korzenne do dekoracji*

1. Do dużej miski przesiej mąkę, dodaj sodę oczyszczoną i przyprawy, wymieszaj.
2. W drugiej misce wymieszaj olej z cukrem, mlekiem roślinnym i siemieniem lnianym, odstaw na kilka minut. Następnie dodaj marchew. Składniki z obu misek dokładnie wymieszaj.
3. Formę wyłóż papierem do pieczenia i wlej do niej ciasto. Wstaw do piekarnika rozgrzanego do 180° i piecz około 30 minut, aż patyczek włożony w środek ciasta będzie suchy.
4. Gdy ciasto ostygnie, udekoruj je słodkim kremem z nerkowców, posiekanymi orzechami i przyprawami korzennymi.

Cynamonowe zawijańce

Nie lubię czekać, aż ciasto drożdżowe podwoi swoją objętość, ale tę niecierpliwość jestem w stanie znieść w przypadku tych pysznych, mięciutkich i aromatycznych drożdżówek. Z kremem z nerkowców (s. 86) – są bezkonkurencyjne! Najlepiej smakują w jesienne wieczory z kubkiem gorącej kawy z syropem pumpkin spice (s. 231). Dobrze sprawdzą się na spotkaniu ze znajomymi, gdzie każdy oderwie sobie swojego zawijańca!

Składniki na 10 zawijańców:

Ciasto:

- *3 szklanki mąki pszennej (można użyć mieszanki 1:1 z pełnoziarnistą)*
- *1 szklanka mleka sojowego*
- *½ szklanki oleju rzepakowego*
- *⅓ szklanki brązowego cukru*
- *1 opakowanie suszonych drożdży*

Cynamonowe nadzienie:

- *3 łyżeczki cynamonu*
- *2 łyżki brązowego cukru*
- *½ szklanki orzechów laskowych lub włoskich*

1. Zagnieć ciasto drożdżowe: do mąki dodaj cukier i drożdże, a następnie wyrabiając masę hakiem do ciasta, dodawaj mleko sojowe wymieszane z olejem. Ciasto przełóż do misy i odstaw w ciepłe miejsce, aż podwoi objętość.
2. Składniki na nadzienie wymieszaj w małej misce, siekając wcześniej orzechy.
3. Gdy ciasto podrośnie, uderz je pięścią i wyrób rękoma. Rozwałkuj na blacie oprószonym mąką. Całą powierzchnię ciasta posyp cynamonowymi orzechami, zwiń ciasto w długą roladę, a następnie pokrój ją na 10 małych roladek.
4. Układaj je w naczyniu żaroodpornym nasmarowanym odrobiną oleju, tak aby cynamonowe zawijasy były widoczne z góry.
5. Bułeczki piecz około 30 minut w piekarniku rozgrzanym do 190°C. Odstaw je do ostygnięcia, a potem udekoruj kremem z nerkowców (s. 86) lub ubitym mlekiem kokosowym. Smacznego!

Surowy tort marchewkowy z kokosową nutą

Tort z marchewek? Czy to w ogóle może być smaczne? A pewnie, że tak! Przekonało się o tym już sporo osób czytających mój blog, gdzie opublikowałem podobny przepis. Oto marchewkowy deser z aromatycznymi, korzennymi przyprawami i przepysznym kremem kokosowym. Ten tort jest o tyle fajny, że bez problemu można go mrozić i przechowywać nawet 2 miesiące – a wyciągnąć, gdy goście przychodzą na niespodziewaną imprezę.

Składniki na formę o średnicy około 18 cm:

Spód:

- *1 szklanka rodzynek namoczonych w wodzie*
- *1 szklanka migdałów*
- *1 łyżeczka oleju kokosowego*

Masa:

- *3–4 szklanki marchewki startej na małych oczkach*
- *½ szklanki wiórków kokosowych*
- *1 szklanka daktyli namoczonych w wodzie*
- *1 szklanka mielonych orzechów włoskich*
- *2 łyżeczki cynamonu*
- *½ łyżeczki gałki muszkatołowej*
- *szczypta soli*

1. Migdały zmiel w młynku bądź blenderze z nasadką o ostrzach typu S, następnie dodaj do nich namoczone rodzynki i miksuj, aż się połączą. Dodaj olej kokosowy i porządnie wyrób masę rękoma. Przełóż ją do wyłożonej folią spożywczą formy i porządnie ugnieć zwilżonymi dłońmi, przygotowując spód ciasta. Foremkę wstaw do lodówki.
2. Połowę startej marchewki przełóż do naczynia blendera kielichowego albo do wąskiego naczynia blendera ręcznego. Drugą połowę przełóż do dużej miski.
3. Do naczynia blendera dodaj wiórki kokosowe, namoczone daktyle, zmielone orzechy oraz przyprawy. Wszystko zblenduj na gładką masę. Przełóż ją do misy z resztą startej marchewki i dokładnie wymieszaj.

ciąg dalszy na następnej stronie

Krem:

- *2 puszki mleka kokosowego, dobrze schłodzonego (2 × 400 ml)*
- *½ szklanki cukru pudru lub ksylitolu*
- *szczypta soli*
- *szczypta mielonej wanilii*

4. Z dobrze schłodzonych puszek wyciągnij tylko zestaloną, wierzchnią warstwę mleka kokosowego i ubij ją z cukrem, szczyptą soli i wanilii, aż będzie pulchna i napowietrzona.
5. Na wcześniej przygotowany spód tortu nakładaj na przemian masę marchewkową i krem kokosowy. Powinny wyjść minimum po dwie warstwy, a na wierzchu powinien wylądować krem kokosowy.
6. Tort włóż do zamrażalnika na mniej więcej 2 godziny, a potem przechowuj w lodówce. Jeśli chcesz, możesz go podzielić na kawałki i zamrozić – będzie zawsze pod ręką. Smacznego!

Orzechowa kostka z czekoladą

Fe żelazo

Prosty, a niesamowicie smaczny deser, który nie wymaga pieczenia? Coś pomiędzy ciastem, mordoklejką (s. 216) a najpyszniejszym masłem orzechowym i czekoladą? Taka właśnie jest kostka orzechowa, którą przygotujesz w kilkanaście minut, a zjesz jeszcze szybciej!

Składniki na blachę 20 × 20 cm:

Warstwa orzechowa:

- *150 g kruchych ciasteczek typu digestive (najlepiej pełnoziarnistych)*
- *¾ szklanki cukru pudru lub mieszanki zamienników*
- *1 szklanka masła orzechowego*
- *2–3 łyżki oleju kokosowego*
- *2 szczypty soli*

Czekoladowy ganache:

- *2 tabliczki gorzkiej czekolady o wysokiej zawartości kakao (minimum 70%)*
- *¾ szklanki pełnotłustego mleka kokosowego*
- *syrop z agawy (jeśli wolisz słodszą czekoladę)*

1. W malakserze z ostrzami typu S pokrusz ciastka, dodaj cukier, sól, masło orzechowe oraz stopiony olej kokosowy. Dokładnie zmiksuj całość, a powstałe dość gęste ciasto przełóż na blachę wyłożoną folią spożywczą.
2. Czekoladę roztop w kąpieli wodnej i powoli dodawaj do niej mleko kokosowe (zestaloną, wierzchnią warstwę z puszki) i syrop z agawy, ciągle mieszając. Gdy wszystko się połączy, wylej masę na ciasto orzechowe i wyrównaj wierzch.
3. Całość owiń folią spożywczą i włóż do lodówki na minimum kilka godzin. Gdy zastygnie – pokrój na małe kwadraty i zajadaj ze smakiem!

Miękkie muffiny z gruszkami

Mięciutkie i wilgotne, ze słodką gruszką i najlepiej z kremem z nerkowców (s. 86) lub syropem klonowym. Te muffinki możesz upiec także z innymi owocami – zawsze będą słodkie i puszyste! Część mąki pszennej możesz zastąpić mąką pszenną pełnoziarnistą, dzięki czemu babeczki będą bardziej zbite i sycące.

Składniki na 12 muffinów:

- *2 szklanki mąki pszennej*
- *½ szklanki cukru lub zamiennika*
- *1 łyżeczka sody oczyszczonej*
- *1 łyżeczka cynamonu*
- *½ łyżeczki gałki muszkatołowej*
- *szczypta soli*
- *1 szklanka mleka sojowego*
- *1 łyżka octu jabłkowego*
- *¼ szklanki oleju rzepakowego*
- *3 średnie gruszki*
- *odrobina soku z cytryny*

1. Gruszki obierz, wydrąż z nich gniazda nasienne i pokrój w małą 1-centymetrową kostkę. Skrop je odrobiną soku z cytryny. Piekarnik nastaw na 190°C i zacznij przygotowywać ciasto.
2. Do dużej miski przesiej składniki suche, a w mniejszej wymieszaj najpierw mleko sojowe z octem, a potem dodaj odmierzoną porcję oleju. Wszystko dobrze wymieszaj.
3. Składniki mokre przelej do miski ze składnikami suchymi i szybko wymieszaj, dodając pokrojone wcześniej gruszki. Ciasto powinno być lejące, ale nie rzadkie.
4. Do każdego zagłębienia blachy na muffiny włóż papilotkę i napełnij ją do ¾ wysokości ciastem z gruszkami. Piecz około 25 minut, aż muffiny wyrosną i złociście się zrumienią.
5. Odstaw muffiny do ostygnięcia i przygotuj słodki krem z nerkowców (s. 86). Smacznego!

Waniliowe blondie z ciecierzycy z kawałkami czekolady

Fe żelazo

Składniki na formę 20 × 20 cm:

- *1½ szklanki ugotowanej ciecierzycy (lub 1 puszka)*
- *¾ szklanki masła orzechowego*
- *¼–⅓ szklanki syropu klonowego (lub np. z agawy, ryżu)*
- *⅓ łyżeczki sody oczyszczonej*
- *¼ łyżeczki proszku do pieczenia*
- *2 łyżeczki ekstraktu waniliowego*
- *2 szczypty soli*
- *1 tabliczka gorzkiej czekolady o wysokiej zawartości kakao (minimum 70%)*
- *odrobina oleju roślinnego*

1. Piekarnik rozgrzej do 180°C, a ciecierzycę, masło orzechowe, syrop klonowy, wanilię oraz sypkie składniki zblenduj na gładką masę – użyj klasycznego blendera ręcznego lub wysokoobrotowego blendera kielichowego.
2. Do masy dodaj ¾ tabliczki czekolady, połamanej na kawałki, i porządnie wymieszaj.
3. Następnie przełóż masę do kwadratowej formy wysmarowanej olejem, wyrównaj powierzchnię ciasta i posyp je kawałkami pozostałej czekolady.
4. Piecz 20–30 minut – aż brzegi się zrumienią, a patyczek wetknięty w środek ciasta będzie suchy. Czas pieczenia można modyfikować w zależności od tego, jak wilgotne ciasto chcesz otrzymać.
5. Upieczone ciasto ostudź i przechowuj w lodówce. Smacznego!

Mordoklejki z ciecierzycy

Ten przepis powstał zupełnie przypadkiem, ale to właśnie takie przysmaki okazują się najlepsze i zostają ze mną na długo. Podczas przygotowywania ciastek z ciecierzycy i masła orzechowego okazało się, że już „surowa" masa smakuje obłędnie – po prostu musiałem w jakiś sposób zachować jej smak i konsystencję. Tak właśnie powstały mordoklejki z ciecierzycy! Jak się okazuje, z ciecierzycy można wyczarować klasyczny hummus i falafel, ale również słodkości. To solidna dawka zdrowego białka oraz orzechowych tłuszczów. Jedzcie na zdrowie!

Składniki na formę 20 × 26 cm:

- *2 szklanki ugotowanej na miękko ciecierzycy*
- *¾ szklanki masła orzechowego*
- *½ szklanki syropu klonowego lub z agawy (daktylowy będzie równie pyszny)*
- *⅓ szklanki płynnego oleju kokosowego*
- *2 łyżeczki ekstraktu waniliowego*
- *2 szczypty soli*

1. Ciecierzycę porządnie przepłucz i umieść w naczyniu blendera. Polecam blender ręczny, gdyż masa będzie dość gęsta. Następnie dodaj masło orzechowe i pozostałe składniki.
2. Całość zblenduj na wysokich obrotach, aż masa będzie idealnie gładka i jedwabista, bez grudek.
3. Gotową masę przełóż do formy posmarowanej odrobiną oleju kokosowego (lub wyłożonej folią spożywczą) i wygładź jej powierzchnię. Formę włóż do zamrażalnika na mniej więcej 2 godziny.
4. Po tym czasie pokrój masę na 1-centymetrowe sześciany i włóż je z powrotem do zamrażalnika.
5. Gotowe mordoklejki można tam przechowywać do kilku miesięcy. Przed spożyciem wyciągnij je na około 15 minut, aby się rozmroziły, ale nie były zbyt ciepłe. Świetnie smakują z odrobiną kakao, szczyptą soli albo chili. Smacznego!

Banalne donuty
czyli jedziemy po bandzie!

Ten przepis to idealny przykład na to, że dieta wegańska wcale nie oznacza jałowych sałatek na Twoim talerzu. Jej częścią są również nie do końca zdrowe desery, takie jak te donuty – grzeszne, słodkie i puszyste. Do tego można je przygotować w kilkanaście minut! Warto zrobić je ze znajomymi, tak aby każdy mógł od razu sięgnąć po swoją porcję. Kuchnia roślinna jest dla każdego, nawet dla (sporadycznego) łasucha!

Składniki na 8 donutów:

- *2 szklanki mąki pszennej*
- *½ szklanki mleka sojowego*
- *⅓ szklanki oleju rzepakowego*
- *⅓ szklanki cukru lub zamienników*
- *1 łyżeczka proszku do pieczenia*
- *szczypta soli*
- *odrobina ekstraktu waniliowego lub wanilii w proszku*
- *olej do smażenia*

1. W misce wymieszaj mąkę, proszek do pieczenia i cukier. Dodaj szczyptę soli oraz wanilię. Zrób wgłębienie w środku mąki i wlej tam mleko sojowe połączone wcześniej z olejem. Porządnie wymieszaj całość mieszadłem miksera lub rękoma.
2. Ciasto wyciągnij z misy oprószonymi mąką rękoma i uformuj z niego kulę, a następnie podziel ją na 8 równych części. Formuj z nich okrągłe donuty.
3. Olej do smażenia nagrzej tak, by wrzucona odrobina ciasta natychmiast zaczynała skwierczeć. Donuty smaż około 4 minut z każdej strony, aż będą złociście brązowe.
4. Dekoruj je karmelem daktylowym (s. 85) lub kremem z nerkowców (s. 86). Smacznego!

Jabłkowy sorbet

30 min

Wegańskie lody to przede wszystkim sorbety. Owszem, bez problemu możesz zrobić lody z mleka sojowego, kokosowego lub ze zmiksowanych nerkowców, jednak to sorbety są ponadczasowo świeże i aromatyczne, przypominają o lecie, no i są dużo lżejsze. Zrobisz je z ogórków, arbuzów, a w tym przepisie – z jabłek! Dodaj do nich szczyptę cynamonu, a gotowy sorbet posyp ksylitolem rozgniecionym z goździkami – przepyszny deser gotowy!

Składniki na około 2 porcje:

- *3–4 jabłka*
- *1 łyżeczka cynamonu*
- *1 łyżka soku z cytryny (do smaku według preferencji)*

Dodatki:

- *ksylitol lub brązowy cukier rozmieszany ze zmiażdżonymi goździkami (w dowolnych proporcjach)*

1. Jabłka przelej wrzątkiem, wydrąż i obierz, jednak nie wyrzucaj skórek. Pokrojone owoce i posiekane skórki przełóż do woreczka na mrożonki lub szklanego pudełka i włóż do zamrażalnika, najlepiej na całą noc.
2. Do naczynia blendera przełóż jabłka wraz ze skórkami, dodaj cynamon i sok cytryny, a następnie porządnie zblenduj na gładką, puszystą masę. Możesz użyć blendera kielichowego z popychaczem, ale blender ręczny również da radę, gdy odczekasz kilka minut, aż owoce odrobinę się rozmrożą.
3. Sorbet podawaj z goździkowym cukrem i odrobiną cynamonu. Smacznego!

Klasyczny sernik jaglany

Fe żelazo Ca wapń

Moje ukochane ciasto na zimno, które podbiło Internet i doczekało się wielu wersji smakowych i przeróżnych dodatków. W tym przepisie to najprostszy sernik jaglany z czekoladową masą na wierzchu, który posmakuje wszystkim – a na rodzinnym stole wygra z klasycznym sernikiem na zimno!

Składniki na formę 18 cm:

Spód:

- *1 szklanka migdałów*
- *około 6 sztuk suszonych daktyli*
- *2 łyżki masła orzechowego*
- *1 łyżka wody*
- *1 łyżka kakao (opcjonalnie)*

Masa jaglana:

- *½ szklanki suchej kaszy jaglanej*
- *100 ml syropu z agawy lub syropu klonowego*
- *2 szklanki wody*
- *2–3 łyżki soku z cytryny*
- *½ szklanki orzechów nerkowca namoczonych w wodzie (opcjonalnie)*

Masa czekoladowa:

- *2 tabliczki gorzkiej czekolady*
- *1 puszka mleka kokosowego (400 ml)*
- *3 łyżki syropu klonowego*

1. Daktyle mocz we wrzątku przez 5 minut, a migdały zmiel na grube wióry. Namoczone daktyle zmiksuj na gładką pastę i połącz z migdałami oraz kakao, dodaj masło orzechowe i mieszaj, aż masa zacznie się kleić. Na wyłożoną folią spożywczą blachę przełóż migdałowy spód i ugnieć zwilżonymi wodą palcami. Schłódź w lodówce.
2. Kaszę jaglaną przepłucz, następnie zalej mniej więcej 2 szklankami wody i gotuj na wolnym ogniu około 20 minut, aż kasza wchłonie całą wodę i mocno się rozklei. Powinna bulgotać i pryskać (pod koniec gotowania można przykryć pokrywką). Jeśli używasz nerkowców, możesz dodać do namoczonych orzechów 2 łyżki kaszy jaglanej, by masa była bardziej kremowa, i mocno je zblendować na gładką masę. Następnie przełóż zmiksowane orzechy do pozostałej części kaszy i zmiksuj wszystko na gładką masę, dodając syrop oraz sok z cytryny do smaku. Masę wylej na schłodzony wcześniej spód, przykryj folią aluminiową, by nie wyschła, i odstaw do ostygnięcia na noc.
3. Czekoladę połam na mniejsze kawałki i roztop ją w kąpieli wodnej. Gdy będzie miała płynną konsystencję, dodaj syrop klonowy i stopniowo mleko kokosowe. Gotowy ganache czekoladowy przelej na zastygniętą masę jaglaną. Na wierzch czekoladowej masy dodaj posiekane orzechy, wiórki kokosowe i inne ulubione dodatki. Odstaw do ostudzenia, a gdy masa zastygnie, pokrój na kawałki i podawaj z dobrą kawą. Smacznego!

Napoje

Horchata

30 min

Pod tą obco brzmiącą nazwą kryje się popularny orzeźwiający napój na bazie ryżu i migdałów. To takie smakowe mleko roślinne, które podaje się z cynamonem i kostkami lodu. Spróbuj koniecznie podczas upałów!

Składniki na 1 dużą butelkę:

- *1 szklanka ryżu pełnoziarnistego*
- *½ szklanki migdałów*
- *½ szklanki suszonych daktyli*
- *1 łyżeczka ekstraktu waniliowego*
- *2 małe laski cynamonu*
- *szczypta soli*
- *5 szklanek wody + woda do moczenia*

1. Ryż, migdały oraz daktyle zalej wrzącą wodą i odstaw do namoczenia na kilka godzin, a najlepiej na całą noc.
2. Gdy składniki dobrze nasiąkną wodą, odcedź je i przełóż do naczynia blendera kielichowego razem z pozostałymi składnikami. Zalej je 5 szklankami wody i miksuj nawet przez kilka minut, aż każdy składnik odda do wody to, co w nim najlepsze.
3. Płyn przelej przez sito lub czystą ściereczkę do dużej miski, a następnie wlej go do dzbanka i wstaw do lodówki, żeby schłodzić napój. Smacznego!

Malinowa chia fresca
czyli Twój owocowy izotonik

Chia fresca to bardzo ciekawy pomysł na napój, który nadal szokuje uczestników moich warsztatów kulinarnych. Woda z pływającymi pestkami może wygląda dziwnie, ale dobrze wymieszana, z listkiem mięty, smakuje naprawdę świetnie, a do tego odpowiednio nawadnia. Spróbuj połączyć nasiona chia ze swoimi ulubionymi owocami i sokami, aby uzyskać unikatowe i przepyszne kompozycje smakowe.

Składniki na 3 porcje:

- *2 łyżki nasion chia*
- *garść malin*
- *800 ml wody*
- *3 łyżki soku z cytryny*
- *listki mięty*

1. Maliny rozgnieć lub zmiksuj blenderem, dodaj do nich sok z cytryny, a następnie zalej wszystko wodą. Dodaj nasiona chia i porządnie wymieszaj.
2. Po kilkunastu minutach nasionka napęcznieją i napój zgęstnieje, dlatego pamiętaj, aby za każdym razem przed skosztowaniem potrząsnąć butelką lub całość dobrze wymieszać. Na koniec przed podaniem dodaj do napoju lekko zgniecione w palcach listki mięty - uwolni to olejki eteryczne, które dodadzą całości aromatu i smaku.
3. Chia fresca to dobry patent na izotonik, który możesz przelać do swojej biegowej butelki i zabrać do lasu albo na siłownię!

Korzenny syrop pumpkin spice czyli rozgrzanie w kilka sekund

30 min

Gdy tylko nadciąga październik, a dynie na targowiskach już nikogo nie dziwią, w ofercie wielu sieciówkowych kawiarni pojawia się kultowa kawa z syropem i przyprawami korzennymi. Tak zwana pumpkin spice to mieszanka przypraw, która zamienia klasyczną kawę w rozgrzewający, jesienny napój. Warto pamiętać, że niestety większość takich napojów zawiera mleko krowie – nic jednak nie stoi na przeszkodzie, aby przygotować sobie taką kawę w domu z własnoręcznie zrobionym syropem. Sprawdzi się on nie tylko w kawie, ale również jako dodatek do naleśników, babeczek i smoothie.

Składniki na 1 średnią butelkę syropu:

- *¾ szklanki gęstego mleka kokosowego*
- *1 szklanka dyniowego purée*
- *¾ szklanki brązowego cukru (najlepszy będzie sucanat)*
- *½ szklanki mleka sojowego lub migdałowego (opcjonalnie)*
- *1½ łyżeczki mielonego cynamonu*
- *½ łyżeczki mielonej wanilii (lub 1 łyżeczka ekstraktu waniliowego)*
- *1 łyżeczka ziarenek anyżu*
- *½ łyżeczki mielonego ziela angielskiego (opcjonalnie)*
- *szczypta soli*

1. W rondelku rozgrzej mleko kokosowe, dodaj cukier, dyniowe purée (czyli upieczoną i zmiksowaną dynię) oraz wszystkie przyprawy. Jeśli używasz bardzo gęstego purée, dolej trochę mleka sojowego, żeby uzyskać płynną konsystencję.
2. Całość potrzymaj kilkanaście minut na małym ogniu, aż cukier się rozpuści, a płyn odrobinę zgęstnieje.
3. Syrop przelej przez sito do średniej butelki, a gdy ostygnie, szczelnie ją zamknij. Możesz go przechowywać w lodówce przez kilka tygodni.

Orzechowe smoothie z truskawkową wkładką

czyli zakręcona klasyka peanut butter & jelly

30 min Ca wapń

Peanut butter & jelly to klasyczne amerykańskie połączenie masła orzechowego oraz dżemu, najczęściej truskawkowego. Sprawdzi się jako dodatek do tostów, naleśników i gofrów. To uniwersalne połączenie świetnie smakuje również w pożywnym koktajlu, idealnym na dobry początek dnia!

Składniki na 1 większą porcję:

- *2 łyżki masła orzechowego*
- *1 szklanka truskawek (mogą być mrożone)*
- *1 średni banan*
- *1½ szklanki mleka roślinnego (sprawdzi się sojowe, migdałowe, ryżowe)*
- *3–4 suszone daktyle lub 2 łyżki słodkiego syropu (z agawy, klonowego, daktylowego; opcjonalnie, gdyż banan jest słodki)*
- *odrobina ekstraktu waniliowego (opcjonalnie)*
- *szczypta soli*

1. W blenderze kielichowym zmiksuj masło orzechowe, banana i mleko z dodatkiem daktyli lub syropu oraz odrobiną wanilii i soli. Całość przelej do swojej ulubionej dużej szklanki lub słoika.
2. Truskawki zgnieć widelcem na mus, dodaj do wcześniej przygotowanego koktajlu i odrobinę zamieszaj. Gotowe!

Do przygotowywania koktajli możesz użyć bananów wcześniej pokrojonych na plasterki i zamrożonych – gotowy koktajl będzie smaczniejszy i będzie miał ciekawszą konsystencję, a przy okazji nie będziesz musiał się martwić brakiem świeżych bananów na półce: wystarczy sięgnąć do zamrażalnika i bananowy koktajl gotowy!

Sok zielone jabłuszko

30 min

Uwielbiam świeże, zielone soki, ale wiem, że co za dużo – to niezdrowo. Pamiętaj, aby owoce częściej jeść, niż pić! Jednak ten przepis jest tak pyszny, że aż prosi się o dokładkę! Zielone jabłka w połączeniu z ciemnozielonym jarmużem to prawdziwa bomba witaminowa.

Składniki na 1 większą lub 2 klasyczne szklanki soku:

- *5 zielonych jabłek*
- *1 pęczek (300 g) jarmużu*
- *odrobina soku z cytryny*

1. Jabłka oraz jarmuż przeciśnij przez wyciskarkę do soków, dopraw odrobiną soku z cytryny. Schłódź w lodówce i pij na zdrowie!

Spis przepisów z podziałem na grupy produktów

Produkty zbożowe

Warzywa

Owoce

Orzechy i nasiona

Strączki

Indeks